SEEDS IN A DARK FRUIT SKY

Short Stories from Haiti

SYÈL LA GEN KOULÈ PO KAYIMIT

Istwa Kout Soti nan Ayiti

Lost Shoe Publishing

The information in this book was correct at the time of publication as verified by storytellers, but the Author and/or Translator does not assume any liability for loss or damage caused by errors or omissions. These are memories of the individual storytellers and the Author and Translator have tried to represent events as faithfully as possible based on the interviews.

Hardcover: 978-1-7330873-2-2
Paperback: 978-1-7330873-0-8
Ebook: 978-1-7330873-1-5

First paperback edition October 18, 2021

Interviews conducted by and stories written in English by Rosie Alexander
Translated into Haitian Creole by Marie Lily Cerat, Ph.D.
English edited by and illustrations by Amanda Orozco
Haitian Creole edited by Wynnie Lamour-Quansah, MA of the Haitian Creole Language Institute of New York
Cover Design and layout format by Ted McFarland
Cover art by Haitian artist in Jeremie, Haiti

Library of Congress Number: 2021911710

Summary:
Creative non-fiction short stories in English and Haitian Creole.

ISBN 978-1-7330873-0-8

Published in the USA by Lost Shoe Publishing.

Lost Shoe Publishing
PO Box ###
Richland, WA 99354

lostshoepublishing.com

CONTENTS

Preface I
Prefas II

Foreward VII
Pou pi devan VIII

Part 1: Family 1
Pati 1: Fanmi 2

Part 2: Memories 95
Pati 2: Memwa 96

Part 3: Dreams 181
Pati 3: Rève 182

Translation Guide 255
Gid Tradiksyon 255

Acknowledgements 257
Rekonesans 258

PREFACE

Haiti captured my heart. More specifically, the Haitian people captured my heart. Haiti Bible Mission (HBM) is situated in Jeremie, Haiti, with the mission of empowering indigenous Haitian leaders through leadership development. I fostered friendships with wonderful people while on a mission trip with HBM. I loved the people I met, and I was fascinated by the stories they told me. Their stories were unique, plainly told, and from the heart. After discussing the idea for this book with the director and others at the mission, I planned to return for a two-month trip to work on giving their stories life.

These stories contain truth, emotion, memory and allow the reader to try on another person's shoes and see the world from their eyes. I wanted to give my Haitian friends a chance to share their stories that embody their experiences, beyond the natural disasters shown in the news. Haiti is the poorest country in the Western hemisphere, yet most people know little to nothing about it other than stereotypes and the natural disasters that bring it to the world's attention for short spans of time. I was surprised to learn that half of all Haitian children do not attend school, and the vast majority who do will drop out prior to reaching sixth grade.

The greatest challenge was conveying truth in these stories while still creating (hopefully) good literature. I decided to write in the style of creative nonfiction, used by authors such as Tim O'Brien in *The Things They Carried.* In creative nonfiction, authors tell true stories in a compelling, dramatic way that reads like fiction, using literary styles and techniques to

PREFAS

Ayiti toujou nan kè m. Pèp Ayisyen toujou nan kè m. Misyon "Haiti Bible Mission" (HBM) ki nan Jeremi ann Ayiti se fè fòmasyon lidèchip pou soutni lidè Ayisyen. M te rive fè zanmitay ak yon pil bon moun pandan tan mwen te fè ak misyon HBM ann Ayiti a. M te renmen moun mwen te rankontre yo, mwen te renmen istwa yo te konn rakonte m yo. Istwa yo pa te gen parèy. Moun yo te rakonte istwa yo senp. Istwa yo te soti nan fon kè moun yo. Apre m te fin diskite lide fè liv sa a ak direktè misyon an ansanm ak lòt manm misyon an, mwen te planifye pou m te tounen al fè de mwa ann Ayiti pou m te ka al rasanble istwa yo, pou bay istwa yo lavi.

Istwa yo gen verite, yo gen emosyon, epi yo pèmèt moun k ap li yo konprann sitiyasyon moun ki ap rakonte istwa yo, apati esperyans pa moun sa yo. Mwen te vle bay zanmi m yo chans pou yo separe istwa pa yo ak esperyans yo ki pa menm jan ak istwa ki ekri sou dezas natirèl yo ki toujou nan nouvèl jounal, radyo ak televizyon. Ayiti se peyi ki pi pòv nan Emisfè Lwès la, men on pakèt moun pa konn lòt bagay de Ayiti esepte kliche yo tande yo ak nouvèl yo tande sou dezas natirèl ki konn pase ann Ayiti. Epitou, se sèl lè gen dezas natirèl Ayiti nan nouvèl. Mwen te sezi anpil lè m aprann mwatye timoun Ayisyen pa ka al lekòl, epi majorite ladan yo blije kite lekòl anvan yo rive nan lane sizyèm.

Pi gwo obstak nan kreye istwa sa yo se te rive kenbe

create accurate, beautifully constructed narratives. I interviewed over thirty Haitian locals with the help of a translator, then I wrote their story in English and had the Haitian read or hear the story in Creole. From there, they were able to change details and fix inaccuracies as necessary before it was finalized to ensure the storytellers felt the work represented them and their stories accurately.

I acknowledge that I am an outsider helping to write the stories of Haitians. I have striven to use a transparent process to remain true to the original storytellers' stories. My hope for this project was to use my position of privilege to lift up those who do not normally have the opportunity or ability to write their stories for a wider audience.

Part of my vision for this project was to ensure it was published as a bilingual book. In Haiti, at least 95 percent of the population is only fluent in speaking Haitian Creole, but up until 2014 most schools only taught in French. Now the government has started a standardization of teaching in Haitian Creole and teaching how to write in Creole, but it's still in the beginning stages. With this book, the hope was to have a language learning resource that could be used in schools and for people not attending school to potentially teach themselves, as well as help spread the beautiful Creole language. There is a severe lack of literature and education in Haitian Creole (Kreyòl Ayisyen), and I wanted to change that. I found a wonderful translator in Marie Lily Cerat, who has a similar passion for bringing Creole into the wider world. She did a marvelous job in transforming the descriptive and metaphorical language in the English stories into Creole.

You will find aspects of faith in this book. I myself am a Christian and I worked with Haiti Bible Mission (HBM), which is a Christian organization. Most of the Haitians interviewed are Christians or affiliated with HBM. That is not to say that all of the

verite ki ladan yo (avèk espwa) tèks yo ap bon epi y ap byen ekri. Tèks yo ekri nan fòm istwa reyèl kreyatif, nan stil yon otè ki rele Tim O'Brien. Ak istwa reyèl kreyatif, otè a ekri istwa ki vre, men li itilize sèten teknik ekriti pou l dramatize istwa a. Mwen te fè entèvyou ak plis pase trant moun nan zòn nan avèk èd yon entèprèt. Apre sa mwen te ekri istwa yo ann angle epi mwen te bay Ayisyen yo li yo an kreyòl. M fè sa pou m te asire mèt istwa yo te gen chans pou fè koreksyon lè li te nesesè, epi pou istwa yo te korèk.

Mwen rekonèt mwen pa yon Ayisyen, se ede m ap ede Ayisyen yo rakonte istwa yo. M fè anpil efò pou m respekte istwa moun yo rakonte yo. M senpman itilize privilèj mwen genyen pou m ede moun ki pa gen menm kalte privilèj avè m, epi ki pa gen kapasite a, pou ede yo fè istwa yo rive nan zòrèy anpil lòt moun.

Se te vizyon mwen pou istwa yo te ekri nan de lang. Ann Ayiti, 95 pousan popilasyon an pale kreyòl sèlman. Men jiska 2014, majorite lekòl anseye sèlman an franse. Pa gen lontan depi gouvènman an kòmanse aji pou lekòl fèt an kreyòl. Nou swete liv sa a vin you resous lekòl ka itilize pou ede timoun aprann lang, ki ka pèmèt moun aprann pou kont yo, epitou ki pou fè pwomosyon lang kreyòl la. Menm jan lekòl pa fèt an kreyòl, prèske pa gen tèks literè an kreyòl. Mwen te vle chanje sa. Se kon sa mwen rive jwenn yon bon tradiktè ak Marie Lily, ki se youn nan moun ki ap travay pou kreyòl jwenn plas li nan tout sosyete a. M ka di li fè on bon travay nan kapte deskripsyon, metafò ak imaj ki nan tèks yo soti nan angle pou ale nan kreyòl.

Istwa yo se istwa ki gen rapò ak lafwa. Mwen menm mwen se yon kretyen ki travay ak Misyon Biblik ann Ayiti (Haiti Bible Mission, HBM) ki se yon òganizasyon kretyen. Majorite Ayisyen mwen te fè entèvyou avèk yo se kretyen yo ye osnon yo afilye ak HBM. Sa pa vle di istwa yo se

stories only consist of Christian values or beliefs. My purpose for this book was to share stories about everyday life, about the small moments as well as the big ones.

There is no one part of a person that will describe them completely, no stereotype about a people group that will remain completely true the more you get to know them as people. Too often people think of different ways of life as foreign and "other"—whether it is based on geography, ethnicity, social status, or religion. I hope that in some way this book shows the humanity of others, and that the stories of these Haitians who have captured my heart also capture yours.

God bless you,

Rosie Alexander

senpman istwa ki reflete valè ak kwayans kretyen. Objektif mwen se te separe istwa ki kouran, istwa ki gen ti moman espesyal ladan yo, ak istwa ki rapòte de gwo esperyans.

Istwa on sèl grenn moun pa istwa pèp Ayisyen. Pa gen kliche sou yon gwoup moun k ap rete vre tout tan, sitou lè ou pran tan pou konn gwoup moun sa a. Anpil fwa, nou wè moun kòm etranje, diferan—swa paske yo p ap viv nan menm rejyon jeyografik avèk nou, yo pa menm ras avèk nou, yo pa gen menm nivo sosyal avèk nou, osnon yo pa nan menm relijyon avèk nou. M swete liv sa a montre tout moun se moun, epitou istwa Ayisyen sa yo touche kè ou, menm jan yo touche kè m.

Bondye beni ou,

Rosie Alexander

FOREWARD

What a privilege it is to write this foreword for such a special project. I have been working alongside the Haitian people for most of my life and have been the Director of Haiti Bible Mission for nearly a decade. In this time I have developed deep, meaningful relationships and have come to know the culture and people very well. They are strong, courageous, smart, and funny. Their stories are powerful and inspiring. I am so excited for you to share in this rare opportunity to have a glimpse into their beautiful lives as well. While I live in Haiti and see firsthand these stories lived out, my prayer is that this inspires you to appreciate the life and story God has given you. We all have a story and we can use them to help make an impact on those around us. May these stories inspire you to use your own story to bring joy and encouragement to others.

Mark Stockeland

POU PI DEVAN

Se yon privilèj li ye pou mwen pou m ekri de mo sa yo. M gen plizyè lane m ap travay kòt a kòt avèk pèp Ayisyen an. Mwen gen prèske 10 lane depi m direktè Haiti Bible Mission. Pandan lane sa yo, m fè anpil bon zanmi, epi m rive konnen kilti a ak moun yo byen. Se yon gwoup moun ki gen kouray, ki entelijan, e ki komik. Istwa yo se yon sous kouray ak enspirasyon. M kontan anpil ou ap gen opòtinite rankontre kèk Ayisyen atravè istwa sa yo. Se vre m ap viv an Ayiti, epi mwen gen chans viv istwa sa yo. M mande Bondye pou li enspire ou, epitou m swete istwa sa yo fè ou apresye lavi Bondye ba ou a. Nou tout gen yon istwa, e nou ka sèvi ak istwa pa nou pou nou enspire lòt moun. Se pou istwa sa yo enspire ou pou sèvi ak istwa pa ou pou pote lajwa ak ankourajman pou lòt moun.

Mark Stockeland

PART 1: FAMILY

PATI 1: FANMI

1 THE DAY

Noelle

When Madam Noelle wakes she keeps her eyes closed, wondering if this is the day she has been dreading all these months. The day she can no longer see her husband's face, or the morning sun, or her daughter's hair when she braids it.

Inhaling, she readies herself. Exhaling, she opens her eyes and her heart skips. The sun is rising through her window, her curtain whispers and flutters. She can see the sun, she can feel it warming the blankets, she can raise her hand and see the shadowy halo surrounding it. She can see the specks of dust fly and float in the warm rays.

She walks with tender steps. Madam Noelle is careful and slow; because she can see less of the world, it is no longer as friendly to her. Hands outstretched, she tries to find the clothes she just put down. They are somewhere just out of sight, out of reach. Her desperate fingers crawl over her bed. She is losing the world piece by piece, black spot by black spot. She prays, but she fears the words will not make a difference.

Her husband asks if she wants to go "see something for the last time." But Madam Noelle does not want any "last sights." She doesn't want there to be a last time she sees her children play, her parents, the city. She is waiting for a miracle.

Madam Noelle's failing fingers fumble as she traces her daughter's nose, and as Adelta tries not to giggle, Noelle can feel her lips twist up in a smile. Such a beautiful smile. She runs her fingertips through her son's curly hair, Jean squirming with the

1

JOU A

Madan Noelle

Lè Madan Noelle reveye, li rete je fèmen, l ap mande tèt li èske jou sa a ap jou malè a. Depi kèk mwa l ap panse gen yon jou l ap leve epi li p ap ka wè mari li, solèy la, oubyen cheve pitit fi l, lè li ap penyen tèt li.

Madan Noelle rale souf li byen fò epi li pran kouray li ak de men. Li pouse on lòt soupi avan li ouvri je l. Kè l ap bat tankou on tanbou. Reyon solèy la rantre nan fant fenèt la, rido a ap danse nan van an. Li ka wè solèy la, li santi chalè solèy la anba dra a. Li ka wè payèt pousyè yo ki ap danse nan reyon solèy la.

Li mache tou dousman. Madan Noelle mache dousman, men li mache ak anpil prekosyon paske li pa wè twò byen sètansi. Li tatonnen pou l jwenn kote li depoze rad li. Li pa ka wè yo. Li pase men sou kabann nan plizyè fwa. Li ap pèdi vizyon nan monn lan myèt moso, tanzantan se tou nwa l wè. Li priye men li pa sèten sa ap fè okenn diferans.

Noelle, mari Madan Noelle, mande l èske li pa ta renmen al fè on ti pwomnen, wè peyizaj la yon dènye fwa. Madan Noelle pa vle. Li pa vle pou se yon dènye fwa pou li wè pitit li ap jwe, yon dènye fwa pou li wè manman li ak papa li, yon dènye fwa pou li wè vil la. L ap tann yon mirak.

Madan Noelle manyen figi pitit fi l, li manyen nen Adelta k ap fè efò pou li pa ri. Men li ka santi Adelta ap

energy and impatience of a toddler. They will grow ever more beautiful, and she will never see it.

Madam Noelle blinks. The sun is warm. It is a dark morning. No shadows.

Adelta and Jean Bernard are dressing themselves for school, already self-sufficient from her months of waning sight. Madam Noelle sits on her bed, out of the way, listening to their voices and shuffles around the room. She tries to turn her head with their voices, as if she can still see them. Her hands clench the blankets, grounding her to the room. A kiss and a hug—then silence.

Madam Noelle is alone.

She stands—hands outstretched and waving around like a drunk bird—taking slow and unsure steps across the room. There is no lock on the door. Her fingers find the back of a chair. She inches it, scraping and dragging the chair across the floor. Madam Noelle shoves it under the door handle, holding it in place—locking her away, keeping her safe from dangers she will never see.

Madam Noelle slowly finds her way back to her bed, wavering fingers searching for the world around her. She retracts under the blankets, completely covering her face, afraid of what she cannot see.

Everything.

Madam Noelle quavers, rubbing fabric between her fingertips, unsure which dress it is. She still has much to learn, even after months of blindness. The dresser stands almost as tall as she is—she knows because she remembers, but also because she can feel it. She has felt its edges, its splinters, its knots and swirls. She pulls the mysterious dress completely out, it falls and she can feel it sway with the movement as it hangs. Madam Noelle hears the curtain flutter with a sudden gust of wind. She rubs the fabric again, making little circles with her index finger and thumb. It

souri. Yon bèl souri! Li pase men l nan tèt ti pitit gason l, Janbèna. Timoun yo ap grandi, yo ap vin pi bèl, men li p ap ka wè yo ankò.

Je Madan Noelle ap bat. Solèy la cho.

Adelta ak Janbèna ap abiye yo pou yo ale lekòl. Madan Noelle te deja montre yo tou sa pou yo fè. Yo ka degaje yo poukont yo. Madan Noelle chita sou pwent kabann lan, epi l ap koute yo k ap pale, k ap monte desann, fè prese pou yo ale. Li eseye swiv vwa yo kòmkwa li wè yo. Li kenbe dra a nan men l byen di. Yo bo li, yo anbrase li, epi se te silans.

Madan Noelle poukont li.

Li kanpe, l ap fè mouvman ak bra li tankou se yon zwazo ki gen zèl li kase. Dousman dousman li fè de twa ti pa. Pòt la pa gen kadna. Li kenbe do yon chèz, li rale chèz la epi li mete li nan pa pòt la pou bare pòt la. Lè li fèmen tèt li anndan kay la, se kon sa li santi li an sekirite, se kon sa li kenbe danje li pa ka wè yo deyò.

Madan Noelle mache dousman pou li tounen al nan kabann li. L ap mache epi l ap tatonnen pou l ka rekonèt ki kote l ye. Li rantre anba dra a, li kouvri menm tèt li. Li chaje ak laperèz pou tou sa li pa ka wè yo.

Li pa wè anyen.

Madan Noelle ap tranble. Li pase men sou twal rad la men li pa si kiyès rad ki nan men l. Li genyen yon pakèt bagay pou li aprann apre plizyè mwa depi li vin avèg. Amwa a preske menm wotè avè l. Li konnen paske l sonje, e li kapab manyen l. Li konn amwa a byen, defontankonb. Li rale yon rad. Rad la tonbe. Li tande bri van an ap fè ak rido a. Li manyen rad la ankò, li pase men sou rad la. Twal rad la te swa. Li ka santi rikrak ak

is soft. Madam Noelle can feel the ribbing of the rows upon rows of the tiny thread weaving in and out of each other in an intricate web.

She sighs, still unsure which dress it is, and pulls it over her head.

dantèl nan rad la. Li rale yon gwo soupi.

Malgre li pa t konn ki rad ki nan men l, li pase rad la nan tèt li epi li mete rad sou li.

2

SEEDS IN A DARK FRUIT SKY

Daniel

Mom and Dad are yelling again. This time it's angrier and louder, and even at age four Daniel can tell it's more important. He hears his name a lot, which scares him. He watches from the corner. His parents are in the middle of their one-room house, between him and the door. He just wants to get away, run away from everything loud and scary. They keep pointing with anger at him. Daniel starts sliding across the wall until he reaches the door, his heart pounding and running out before him. The sun is setting in front of him, resting on the horizon like a yolk breaking over the waves, running oranges and yellows all along the ocean.

He runs, counting the houses on his way. One—what will happen? Three—will his cousin be home? Five—what will he say? The darkness seems to crowd around him. Finally he reaches his cousin's house, on the intersection where their road meets the shoreline. Trembling, Daniel tells his cousin everything. His cousin shakes his head and wraps an arm around him, not even having to bend down as their shoulders press against each other. Earnestly, his cousin says that Daniel's Dad wants to take Daniel away from his Mom, to take him away from Jérémie forever. His cousin is never wrong. He can feel his hands pulse and his eyes well up with tears. His cousin tells Daniel to hide under his table. He says no one can find him there, and then his Dad won't be able to take him away.

Daniel crawls between the plastic lawn chairs and under

2

GRENN YO NAN YON SYÈL KAYIMIT

Daniel

Manman l ak papa l ap joure ankò. Fwa sa a, yo gen yon pi gwo kont. Yo rele pi fò, yo di plis mo sal. Daniel santi kont sa se yon gwo kont li ye, malgre li gen sèlman katran. Li pi pè lè li tande yo site non l. L ap koute, l ap veye. Manman l ak papa l kanpe nan mitan chanm kay la pou yo joure. Yo kanpe ant li menm ak pòt la. Li anvi sove, sove ale lwen pou li pa tande yo ap joure. Chak fwa yo lonje dwèt sou li osnon lonmen non l, li vin pi pè. Daniel bat, li bat jiskaske li jwenn pòt la. Kè l ap bat fò. Li ka wè solèy la pral kouche touttalè. Solèy la sanble ak yon ze jòn k ap naje sou lanmè a. Gen kote li parèt jòn, gen kote ki gen koulè po zoranj.

L ap kouri, konte chak kay li pase. En—ki sa ki pral rive? Twa—poudi m ap jwenn kouzen lakay? Senk—Ki sa kouzen mwen pral di m? Li fin fè nwa nèt lè li resi rive lakay kouzen li. Kay kouzen an te toupre bò lanmè a. Daniel te tou pè, men li rakonte kouzen l tout bagay. Kouzen an sekwe tèt li epi li pase men nan kou Daniel. Kouzen an di l, li tande papa l bezwen pran li nan men manman l. Li vle kite Jeremi avèk li pou li pa janm tounen. Li toujou kwè tou sa kouzen an di l. Lè li leve tèt gade kouzen an, li wè je li plen dlo. L ap kriye. Kouzen an di al kache anba tab la. Pèsonn p ap wè ou. Yo p ap jwenn ou. Papa ou p ap ka ale avè ou.

his cousin's table, crouching on his ankles on the dirt floor. When his leg cramps up he sits with his legs splayed out in front of him. He is small enough that even stretched out he is completely hidden by the table. He has to be careful. If anyone sees him, he might be taken. Taken away from all he has ever known. Away from Mom who sings as she cooks, from his house and bed that keeps him safe, from his friends' treasure hunts through trash piles along the shoreline.

His eyes adjust to the growing dark and he begins to see the shadows and subtle grays of a house at night. He sits for seconds, minutes, hours, trying not to make a sound. The bugs buzzing and people talking outside the window drown out the sounds of his labored breath and restless legs.

The wood grains swirl above him like the sky on a cloudy night. He traces the pattern with his fingers, making pictures and faces in the dark. He can barely see his fingers as they scrape the knotty surface.

He can see even less when tears start to fill his eyes, blurring the shadows even more. If he never goes home, his cousin will have to feed him scraps under the table as his family eats. Daniel doesn't want to live under a table for the rest of his life. He wouldn't be able to go to school, or eat dinner, or run in the sunshine.

Daniel peeks out between the chairs, checking for legs or movement that might take him away. All is quiet. His legs tingle and shake slightly when he moves them. Waiting until the pins and needles stop, he stands up and blinks in the empty kitchen. Daniel, with slow and unsure steps, walks outside. He is alone. The street is asleep and the stars glimmer above like little seeds waiting to be plucked out of a dark fruit sky. His short legs walk the length of the street, his steps becoming slower and heavier as he nears his house.

He approaches and sees with relief that home is there. As

Daniel pa fè tèt di. Li kouche plat anba tab la. Nap sou tab la bare li pou moun pa wè l. Li pa ka fè twòp mouvman. Li pa menm respire fò pou moun pa tande l. Si yo jwenn li y ap menmen li bay papa l. E papa li deside fò li ale avè l. Si li ale, l ap kite dèyè tou sa li renmen: manman li ki toujou ap chante lè l ap fè manje, kay li, kabann li, tout ti zanmi li konn jwe avè yo bò lanmè a, kouzen l li renmen anpil.

Li rete anba tab la tou dousman. Segonn, minit, è, anpil tan menm pase. Marengwen ap mòde l, jwe mizik nan zorèy li. Li tande moun ap pale deyò a, li ka wè pye moun k ap monte desann. Anba tab la nan fènwa e li pa ka wè anyen twò byen. Menm men li ak dwèt li pa ka wè byen nan fènwa a. Li ta anvi kanpe, detire pye l, men li rete la tou dousman anba tab la.

E si li pa janm tounen lakay li! Kouzen ap oblije lage ti moso manje ba li anba tab la. Dlo pran koule nan je l. Lè li ap kriye menm li pa wè anyen ditou nan fènwa a. Li pa ka fè tout vi li anba tab la. Li p ap ka ale lekòl. Li p ap ka manje, jwe ak ti zanmi li, li p ap janm santi chalè solèy la.

Lè tout moun resi al dòmi, lè li pa tande pyès pye ap monte desann, pyès bri nan lakou a, Daniel soti anba tab la. Li tèlman fè anpil tan kouche anba tab la, li santi on kranp nan tou de pye l. Li kanpe on moman pou l tann kranp lan pase. Li poukont li. Pa gen pyès moun deyò a. Lari a blanch, li fè nwa. Syèl la gen koulè po kayimit, zetwal yo klere men yo parèt tou piti. Se kòmsi ou ka lonje men pou keyi yo.

Wout la long. Li mache, li mache jiskaske li wè lakay li. Lè li antre anndan an, li jwennn manman li chita men nan machwè ap tann li. Kabann li toujou atè a ap tann li. Lè manman li wè l, li pran li nan de bra,

he walks in, he can see his bed is still there on the floor. Mom is there waiting with a ready hug.

Dad is gone.

li kwoke l.

Papa li te deja ale.

3

STRANGE NEW WORLD

Pepe

Here in the country there is no electricity, no TVs buzzing that can be watched through the bars in neighbors' windows, no motos to ride.

"How come there's no power?" Pepe pouts, kicking a rock in front of him.

"My child, you don't know what it's like in the country," his mother says, not looking at him as they continue to walk along the darkening path.

"I think they have power in other countrysides."

"Well, they don't here."

The rest of the walk is filled with silence and Pepe's sighs, expressing his disgust aloud, to which his mother and siblings pay no attention.

That night they sleep in his mother's family's house in the country. It is surrounded by overgrown trees and darkness. They all sleep side by side, his sisters cuddling together for warmth. The sound of frogs and insects and creaking trees and falling leaves and animals creeping forward toward their sleeping figures pound in Pepe's ears, forbidding him to sleep. The darkness ushers in the unknown, creeping in the shadows. Pepe tiptoes to his mother and hesitates, but there is a rustle and he thinks he can hear footsteps outside their window.

"What's making that noise?" He asks, shaking her shoulder with the urgency of midnight terror.

"Child, I'm sleeping," she murmurs, waving him off. Pepe finds his place again, curling up under the blanket, shielding

3

ETRANJ NOUVO MOND

Pepe

Andeyò bò isit la pa gen kouran. Pa gen televizyon k ap wonwonnen tout lajounen, televizyon pou al gade nan fenèt ka vwazen. Pa gen moto k ap monte desann.

Ak figi li byen mòksis, Pepe bay yon wòch yon sèl kout pye, epi li di, "Pou ki sa pa gen limyè?"

"Pitit mwen, ou pa konn peyi sa a."

"M kwè gen kouran nan lòt pwovens yo."

"Eben, pa genyen bò isit la."

Yo kontinye ap mache nan fènwa a. Tanzantan Pepe plenn. Manman li ak lòt timoun yo pa okipe l.

Jou swa sa a, yo dòmi nan kay yo genyen ki andeyò a. Se kòmsi kay la te nan mitan on forè. Chaje pye bwa epi li fè nwa. Yo tande tout kalte bri, bri tout kalte bèt: Bri krapo, bri krikèt, bri pye bwa k ap balize nan van an. Tout bri sa yo nan zòrèy Pepe anpeche l dòmi. Anplis li fè nwa kou lank. Pepe pè fènwa. Epi li kwè li tande on pri pye anba fenèt la. Li leve tou dousman, li mache sou pwent pye l epi li sekwe manman l.

"Manman, manman, ki bri sa a?"

"M pa konnen Pepe. Kouche pou ou dòmi."

Pepe retounen nan kabann li. Li kouvri tout tèt li, li bouche zorèy li pou l pa tande bri.

Li sezi lè li leve demen maten. Li wè li la. Li pa manke moso. Li jwe, li travay, li pale, bay blag tout lajounen an.

himself against the terrors of the night by closing his eyes.

Pepe is surprised to find that he wakes up in the morning, expecting to have been eaten in his sleep, or at least have a part of him missing. His confidence comes back, and he spends a full day working and talking.

That night he falls into a deep sleep, more confident that he will survive the night. There is a noise right next to his ear. It is loud and deep, a scream for help coming from underwater. The sound startles Pepe awake with no time to think other than to scream, he jumps up and runs out of the house into the still dark and cool night, body trembling and heart pounding.

Everyone wakes and looks around, seeing him breathing heavily near the doorway and sees the single frog that hops on the floor where Pepe had been sleeping. His older brother laughs at Pepe, the scaredy cat.

"I'm never sleeping here again." Pepe says to his mother, who had joined him outside, trying to hold back shame with every word. "Take me back to Jérémie, I don't want to stay."

His mother guides him back inside as everyone lays down to go back to sleep. She gathers him in her arms, holding him safe and close. She covers his ears with her hands so that he won't hear the noises of the night. He can only hear her heart beating through her palm. Listening to the steady soothing rhythm, he drifts off with the comfort that someone is there to protect him.

Li pa t pè menm jan an dezyèm swa a. Li te nan pwofon somèy lè li tande on bri nan zorèy li menm. Bri a te fò. Li kouri leve, li rele anmwe, l al kanpe nan lakou a, nan tout fènwa a. Rèl Pepe a reveye tout moun nan kay la. Lè yo pran lanp pou gade atè kot kabann li te ranje a yo jwenn yon krapo. Gran frè Pepe a lage on sèl kout ri. Yo rele Pepe kapon.

Pepe di manman l, "Mwen p ap dòmi nan kay sa a ankò. Mennen m tounen Jeremi."

Manman Pepe pran men l, li di pitit mwen ann al dòmi. Li fè Pepe dòmi sou kote l. Li kouvri zorèy Pepe ak men l pou l pa tande bri yo. Se kon sa, anba vant manman l dòmi pran Pepe ankò.

4

BEEKA

Calos

Marbles shine in the sunlight—colors reflecting on the dirt, rainbows in a desert. Calos clinks them in his hands that can only hold so many, hearing the glass chink-chink together before setting them down in a match to end all matches.

His four-year-old feet tend to wander the streets, having only grandparents with rough hands to return to. He finds the marble games in the shade between two tin houses—where he meets the vagabonds, as the neighborhood calls them. He belongs with these aimless children. They have piles of marbles at their feet and filling their pockets. Treasures of glass in a world of dirt.

Calos and the other children dig for coins under the bridge near his house. The coins are old—they have seen more days than the children digging them up. Out of circulation, out of use, out of memory. But with fifty Haitian cents, a child can buy four marbles. Calos can lay out his marbles and count two hundred, or he thinks he can. His friend Eric helped him count them once. His favorite is Beeka—a white and yellow marble that is bigger than the rest, his lucky charm.

And now the big game is here, and Calos has a hoard of marbles at his feet. His army ready for battle, to grow stronger. The circle between him and the other boy is no-man's land, the battlefield, the place where marbles change hands based on skill and the fate of the snap of the glass balls hitting each other in dirt. But then Calos notices something strange: he is losing. The other boy is taking his marbles, his treasures. One-by-two-by-one and too soon, it is over. He had kept Beeka back out of fear, but now it

BIKA

Calòs

Mab yo klere kou miwa dèzanj nan limyè solèy la—yo reflete koulè tè a, koulè labou a—yo bay koulè lakansyèl nan yon dezè. Calòs ap jwe ak mab yo nan men li. L ap pare l pou l al jwe mab ak ti zanmi l yo dèyè kay la. Calòs fò nan jwe mab.

Calòs gen sèlman dizan. Li renmen flannen. Se a grann li ak granpè li li abite. De granmoun ki fin vye. Li al nan jwèt mab la nan lakou a dèyè kay yo. Se la yon bann ti vakabon nan zòn nan sanble. Se kon sa vwazinaj yo rele yo: vakabon. Li se youn nan timoun sa yo. Yo chaje ak mab nan pòch yo. Mab sa yo se trezò timoun sa yo nan yon monn ki chaje ak labou.

Calòs ak lòt timoun yo konn al fouye pou yo chache, ranmase penich, senk kòb, dis kòb ki tonbe nan labou anba pon bò lakay yo a. Senk kòb ak dis kòb y ap ranmase yo ansyen—Yo gen lontan nan labou a. Men ak senkant kòb yo ka achte kat mab. Calòs chaje ak mab. Li panse li ka menm gen 200 mab. Erik, youn nan ti zanmi li, konn ede l konte yo. Mab li pi renmen se youn li rele Bika. Mab sa a te pi gwo pase tout lòt mab yo. Li te blan e jonn. Se te mab chans li.

Jwèt mab la kòmanse. Calòs chaje ak mab. Mab li parye yo nan yon wonn ki trase atè a. Chak moun akoupi rebò wonn nan. Wonn nan pa gen mèt, wonn nan pou yo tout. Wonn sa a se yon chan batay. Se la moun ki pi fò nan jwe jwèt mab la pral ranmase mab

was too late. The game is over, and his army is demolished, ruined. His sparse troops' bodies are scattered in front of him. Calos chokes back tears and yells, accusing the other boy of cheating. He raises his hands and pushes the other boy. They fall to the ground together, scuffling-hitting-screaming; the onlooking vagabonds cheer and encircle them. The other boy picks up a rock, which he brings down hard on Calos' forehead. Calos stumbles back, falling onto the dirt circle, the world becoming fuzzy and blurred by blood dripping over his eyes. The other boys jeer at him as he picks up his stray marbles and makes his way into the street, his hand pressing against the walls of the alley to hold him up.

He feels woozy as he walks in the late afternoon buzz of people. Stepping inside his home, Calos' appearance is greeted with surprise and admonishment. His grandpa cleans the blood and wound, rough hands stinging and scratching his already tender skin. He tells Calos that wounds like this need air, you can't cover them up or they will fester and "drink water." Only pus and pain comes from dirty water getting in the wound.

His grandpa's white hair curls out of his beard like ashen wisps of smoke. His thick chapped lips purse together as he leans Calos over and spanks him with hands tough from years of work. Ten swipes—each one hurts more than the last. Calos cries out with each smack, biting on his lip, trying to hold back the pain.

He has Calos kneel on the hard floor, a common punishment. Calos' knees begin to burn and prickle with the weight of his body bearing down on them. His back and neck strain to keep upright without falling over. The shadows grow and Calos cries quietly as he becomes drenched in darkness, not wanting to show weakness.

His grandma brings him dinner. Beans and rice never taste as good with pain, distracting from the nourishment and care put into the food. Hours later his grandpa comes back. Before Calos is allowed to stand up, his grandpa has him make an oath to never

chak pati mab li genyen. Jodi a se pa jou chans Calòs. Ti gason l ap jwe avè l la sanble pi fò pase l. Chak tan ti gason an teke, li pran youn nan mab Calòs yo. Li tonbe ranmase mab Calòs yo youn apre lòt. Ditan jwèt fini, Calòs pa rete yon grenn mab. Msye kòmanse pran kriye. Li di ti gason an fè koken. Li mande batay. Yon lòt moman tou de atè. Yo kontinye batay, kout pwen, kout pye. Lòt ti vakabon yo menm ap fè ti dife vole pou batay la kontinye. Lòt ti gason an pran on wòch, on ti moman tèt Calòs kase. San ap koule kote tèt Calòs kase a. Calòs ranmase de twa grenn mab li te rete a, li ranmase eskanp figi li epi li pran koridò a pou l tounen lakay li.

Lè li rive, granpè l koumanse pale. Menm pandan l ap netwaye kote tèt Calòs kase a, l ap joure li vakabon. Li kale kote tèt la kase a. Li esplike Calòs fòk blese a pran lè pou li ka geri.

Tèt granpè a ak bab granpè fin blanch kou koton. Men li jwenn kouraj pou l kale Calòs. Dis tap pou vakabon. Chak tap yo boule. Calòs kriye. Apre l fin kale Calòs, li mete li ajenou. Se kon sa yo pini timoun nan peyi sa a. Calòs pa kapab kenbe kò li ajenou, men granpè l fè l ret la jiskaske labrim rive.

Granmè l pote manje ba li ajenou an. Ajenou pa dous, men manje a bon. Apre on bon tan granpè a finalman leve msye atè a. Granpè l fè li fè kwa pou l pa janm al jwe mab ankò. Mab. Jwèt Calòs pi renmen an. Sa fini. Li pwomèt granpè a li p ap pral jwe mab ankò.

Mab sa yo se trezò Calòs. Li pase dèyè kay la, li fouye on twou li antere mab yo. Men li mete yo on kote li ka chonje. Gen yon ane depi manman l entere. Nan yon lòt zòn, yon kote byen lwen. Men nan moman sa a, antere mab yo parèt pi difisil. Sa fè l sonje lè yo antere

play marbles again. Marbles. Calos' favorite game. Gone for good.

Calos just wants to get up and stretch. The cramps in his legs are unbearable. The sound of his swallowing seems extremely loud in his ears, and he can feel his heart pounding in his fingertips and in his chest. He makes the promise, and his grandpa smiles as he helps Calos up off the floor.

Burying his marbles is hard. His treasure, lost in the dirt. He buries them in his backyard, close enough for him to remember, to walk by and over. His mother was buried a year earlier—somewhere else, far away. Somehow, burying his marbles is much more difficult.

The bag of marbles is covered next to a shrub as a marker. Just in case.

manman l. Li antere mab yo tou pre on ti pye bwa dèyè kay la. Sizoka.

5

REBELLION

Calos

The snap and clack of marbles call to Calos as he passes an alley on his way to school, his friends still playing in the shade. He slows his steps. He glances over at his friends—his domain. The pain of two days ago is still as fresh as his bruised knees. The snap of marbles through dirt reminds him that the dirt is loose from where he buried his own treasured marbles.

He wavers and the world grows smaller. School is far away, and only guarantees hard benches and small rooms. Here is freedom and play. His knees still ache from kneeling for hours, but this time, he promises himself, he won't get caught. He runs back to his empty house, his grandparents off in their own busy lives without him. Waiting for him in the dry dirt, now covered in dust and rocks, his marbles still glint in sunlight.

The other boys greet him like an old friend they haven't seen in years, with claps on the back and pushes to join them. The four year old Calos brings out his bag of marbles with the grand gesture of a king, laying it before him as a warlord directing his troops.

The circle in the dirt redrawn, the boys vie for the next game. Games played, won and lost as the sun continues in its arc overhead. People pass by without a second glance at the children as they play in the dirt. Calos' pile is growing, with more and more boys losing their precious treasure to his skilled play.

His walk home is slower as he carries the now overflowing bag of marbles against his stomach to keep them from falling and spilling all over the street. When his grandparents are asleep,

5

REBELYON

Calòs

Calòs nan wout pou al lekòl. Pandan l ap pase dèyè a nan lakou a se kòmsi si bri mab timoun yo ap teke yo t ap rele l. Li ralanti pa l pou l ka fè on gade ti zanmi l yo k ap jwe mab nan lakou a anba yon pye bwa. Mab se jwèt pa l. Men pa menm gen de jou depi granpè li te ba l yon bèl kal pou batay li te mare nan jwèt mab sa a. Li kanpe on ti moman pou l gade. Jwèt mab la fè l sonje mab pa li yo li te antere anba ti pye bwa dèyè lakay li a.

Lekòl la te lwen. Epi li pa dous pou pase tout on jounen chita sou ban bwa di sa yo nan klas la nanyon ti chanm ki deja tou piti. Lakou a se libète, se jwèt. Menm jenou l t ap fè l mal toujou paske avantyè granpè fè l pase preske tout on jounen ajenou pou pini l pou batay li te mare nan jwèt mab la. Fwa sa a, li p ap kite yo kenbe l. Li tounen lakay. Granmè l ak granpè l te deja pran lari pou yo al travay. Li pase dèyè kay la al fouye kote li te sere mab li yo. Li siye yo, retire tè sou yo. Mab yo klere nan men l nan limyè solèy la.

Calòs tounen al jwenn tizanmi l yo nan jwèt mab la. Ti zanmi l yo te kontan wè l. Yo reyaji kòmsi yo gen dèzane yo pa t wè l. Calòs te tou piti. Men lè li rale sache mab yo nan pòch li, li aji sou yo kòm yon wa.

Anvan menm wonn mab la fin trase atè, tout ti gason yo te gen tan pare pou premye pati mab la. Anba solèy cho a y ap jwe. Gen nan yo ki genyen. Gen lòt ki

he takes them out on his bed and counts them. Three hundred and fifty, by count under the moonlight. He can barely sleep, knowing that his treasure is now hidden beneath his bed, back home with him.

Calos actually goes to school the next day. He tries to hide a little smile from his grandparents, and at school his knees jump up and down, anxious to leave so he can get back to his game. The room seems to crowd around him, and the bench he shares with four other boys rocks back and forth, the legs of the bench knock against the floor. The other boys hit him to make him stop squirming. After school, as he runs up to his house, he sees a shadow in the front room, and Calos stops in the doorway.

His grandpa stands there, staring, with a branch trailing on the floor. Calos glances over at his bed, where there is now a graveyard of marbles littering the house and floor. The bag had ripped. His treasure had slipped away from him once again. His army lay strewn across his room and fallen bodies watch him as he slumps.

Calos kneels on the floor with a thump, fear binding him to where he is sitting. An exposed power wire on the floor touches his skin—the wire comes alive, a poisonous viper ready to strike. Calos feels a jolt—then nothing. The world freezes and he flies backwards, hitting his bed and falling back on his marbles. The glass balls cut into his back, his chest is heavy and his heart louder and faster than he has ever felt before. His grandpa, seeing this as retreat and betrayal, hits Calos and whips him with the cow hide. Calos fades in and out of the world, occasionally lost to blackness as he lays dazed on the floor, with his guardian flailing above him.

His grandpa collects and throws away all of Calos's treasures as Calos wheezes on the floor, bruised and shocked. A tear falling down his face, Calos brushes it away quickly before his grandpa can see. He knows his grandpa does not forgive or forget. Calos never plays marbles again. This time, he keeps his promise.

pèdi. Moun ap monte desann yo pa menn vire je gade timoun yo k ap jwe mab atè a. Jodi a se jou chans pa Calòs. Se ranmase l ap ranmase mab pa lòt timoun yo. Pa gen youn nan yo ki ka bat Calòs tèlman li fò nan jwèt mab.

Li pran wout lakay li tou dousman, pòch li chaje ak mab. Fò li fè atansyon pou mab yo pa tonbe atè, roule. Li tann lè granpè ak granmè li dòmi pou l konte mab yo. Li panse li gen menm 350 mab. Li mare mab yon nan yon ti sak epi li sere yo anba kabann li.

Lelandemen, Calòs tounen lekòl. Men li pa t ka tann pou l tounen lakay pou l al jwe mab nan lakou a ak ti zanmi l yo. Sal klas la piti. Gen twa lòt ti gason ki chita sou ban an avè l. Ban an pa menm twò solid, l ap balanse. Epi, Calòs ap plede vire kò l tanzantan. Lè lekòl lage, se kouri Calòs kouri, li pa ka tann pou li rive lakay li. Li annik monte galri a lè li apèsi lonb yon moun dèyè rido a.

Granpè l kanpe nan pa pòt la dèyè rido a ak yon fwèt nan men li. Calòs voye je l sou kabann lan. Granpè l te vide tout mab li yo, tout trezò l yo sou kabann li a. Granmè l tonbe sou mab yo li te sere anba kabann li an pandan l ap bale.

Calòs pa menm tann granpè l pale. Li kouri al ajenou. Li pa wè lè premye kout fwèt la pral tonbe nan do l. Jodi a se rigwaz la menm granpè l pran. Calòs kriye, li rele, li mande padon. Granpè l pa tande li pa wè. Fò l bay Calòs leson sa a. San sa l p ap kite jwèt mab sa a. Granpè l ba l baton. Fwa sa a, Calòs resi fè kwa pou l pa janm tounen nan koze jwèt mab sa a. Granpè l fè l konnen l ap kontinye kale li chak fwa l ale nan jwèt mab sa a. Calòs reyalize sa pa p bon pou li si li kontinye nan jwèt mab sa a. E baton ak rigwaz pa dous.

6

PIG BAY

Hannah

Pigs' snouts burrow and search the grimy trash for breakfast, looking among the strips of plastic fluttering in the wind, crushed beer bottles, and urine-soaked cardboard and paper that layer the mostly rocky beach. Fishermen gather nets and prepare boats for their daily search for food. The abandoned shipping boat a hundred yards from shore rusts and sinks into the sand, the waves crashing against the side in a repeated attempt to sweep the last flecks of paint out to sea. The sun begins to rise behind the mountain, and with the early morning light a woman with braids half undone and torn, unwashed clothes stumbles over the trash on the beach.

Her eyes are unfocused and her gaping mouth breathes heavily, desperately. She is moaning and clutching her swollen stomach, but no one sees as she stumbles past the pigs and over the garbage of the bay. Her broken fingernails scratch at her stomach, wanting to rip out the sickness. It has been growing inside her for so long. She just wants it gone. Her body is throbbing. Something is trying to get out of her. She thinks it must be a monster. A demon. Clutching the sand and rocks to ground her, she screams so loud that a fisherman preparing his boat far down the shore hears her.

Screaming and crying, she lays back on the dirty refuse of the city and with a final push is finally released from the demon that was growing inside her. She breathes deep the salty air of the morning, shivering. She stands on two shaky feet, pressing against plastic and rotting fruit and walks vacantly back to town.

6

PLAJ KOCHON

Hannah

Kochon yo sou plaj la ap chèche manje, raboure nan tout fatra. Sachè plastik ap voltije nan van an, moso boutèy byè kraze nan mitan bwat katon santi pipi. Pechè yo kòmanse ap prepare kannòt ak nas yo pou y al chèche pen kotidyen yo nan lanmè a. Gen yon vye bato ki abandone depi kèk tan bò lanmè a, li prèske fin rantre nan sab la, kò bato a fin dekale akòz sèl lanmè a, penti k sou li ap fin dekale nèt. Chak vag lanmè ki frape sou li pote on ti moso penti ale. Solèy la kòmanse ap parèt dèyè mòn yo, li pral jou; yon fanm ak yon bò tèt li detrese ak yon rad sal sou li manke tonbe sou on pil fatra ki sou plaj la.

Madanm la sanble yon moun ki desounen. Je li lwen epi bouch li tou louvri. Li pa kapab respire byen. L ap plenn pandan li kenbe anba ti vant li. Madanm nan pase nan mitan kochon yo ak fatra yo. Pèsonn pa okipe l. L ap fwote vant li, rachonnen vant li ak kout zong kòmsi l ta vle rache maladi k nan vant li a. Maladi sa a nan vant li kèk tan. Li bezwen pou maladi a soti sou li. Li aji kòmsi gen lè se yon baka ki nan vant li. Li bese pou li chita sou wòch yo ak sab la. Li bay yon sèl rèl, si tèlman fò, li rive nan zorèy yon pechè ki te byen lwen sou plaj la.

L ap rele, l ap kriye, li pa kapab ankò. Li lage kò l sou pil fatra yo. L ap pouse, rèle pou l wè si l a fè baka sa a soti nan li. Li lage on dènye rèl pou li fè baka a soti nan kò l. L ap respire tou dousman, men lè bò lanmè

On the edge of the shoreline there is a cry almost drowned out by crashing waves.

The fisherman, who looked up at her scream, watches as the woman known in town as one of the moun fou walks toward the road. He puts down his nets and rope to see what she left behind. There, laying on the trash and sand and rocks, a screaming infant is covered in slime and blood and chilled by the ocean breeze. He takes a rag from his belt and picks up the crying newborn, holding her carefully against his chest as he walks with her toward the hospital. She is so small, smaller than his daughter had been a few years back. She is smaller than his hands, callused from years of labor. He carries her gently. He finds a ride up the mountain to the hospital, leaving the shivering child with a nurse with warm hands.

The nurse cleans the baby with warm water, careful to wear gloves. She's seen abandoned babies like this—she knows the birth mother, the moun fou, probably has HIV. She knows that the women taken to the Voodoo ceremony in the countryside do not come back with their minds. They are vacant. Easy prey for men seeking pleasure.

The baby takes up one more little bed in an already too full room. Full of sick or unwanted babies, new to the world, to pain, to life. The windows are open, an attempt to cool the overheating room, inviting mosquitoes to enjoy the indoors as well. Green and white paint surrounds the infants, peeling in places.

The doctor comes and with sad eyes watches the newborn sleep. Another infected child. With so little hope of adoption, the hospital will feed the baby a diet of sugar water until it can cry no more. She never feels more powerless than in moments like this. The only option she can think of is a missionary in town, and holds onto that far off hope as she dials the phone.

a sale kou fyèl. Li respire, li tranble. Li fè yon jan pou l kanpe, de janm li ap tranble. Li kòmanse mache sou plastik yo, sou fatra yo. Li tou desounen, l ap tounen lavil. Dèyè do l, vag lanmè a ap frape byen fò, tankou yon rèl doulè vant.

Pechè ki te tande rèl li a, wè madanm nan ki prale. Tout moun nan vil la konnen l kòm yon moun fou. Pechè a depoze nas la ak liy yo pou l al gade sa madanm lan lage atè bò lanmè a, nan mitan fatra ak wòch yo. Lè li pwoche li wè yon ti bebe k ap kriye. Ti bébé a badichonnen ak san. Li sanble l frèt nan van lanmè a. Pechè a pran on vye moso twal sal ki te nan bato a pou li vlope ti bebe a. Li kenbe ti bebe a nan bra l ak anpil prekosyon pou li mennen l lopital. Ti bebe a tou piti, pi piti pase ti pitit fi l la lè l te fèt, sa gen lontan. Ti bebe a pi piti ankò, lè l chita nan pla men l. Li pase twòp mizè nan vant manman an. Pechè a pran l ak anpil prekosyon; li jwenn yon woulib sou moto, l al remèt li lopital, nan men yon enfimyè pou li an sekirite.

Enfimyè a mete gan nan men l, li lave ti bebe a byen pwòp, ak dlo tyèd. Li abitye wè ti bebe yo abandone. Li konn manman sa a, fanm fòl tout moun lavil la konnen an. Siman li gen SIDA. Enfimyè a konnen yo di tout kalte bagay sou fanm fòl sa a. Èske tèt li dwe pati paske li pwofonde nan koze Vodou? Dèfwa sa konn rive medam yo. Èske se move lavi k ap toumante l, fè l vin bouzen, fè l pèdi tèt li kote moun vin eksplwate l.

Enfimyè a mete ti bebe a nan bèso. Youn anplis nan yon chanm ki deja plen ak yon pakèt lòt timoun yo abandone nan lamizè ak na lapèn. Fenèt yo louvri pou lè fre a rantre kalme chalè nan chanm nan, men moustik

⁂

The newborn is asleep. No sign of the disease as the missionary watches her tiny lips part with each breath. He and his wife already have one unwanted Haitian child.

"What should we call her?"

His wife reaches into the crib, lifting the tiny bundle and resting her against her chest, rocking the baby back and forth ever so slightly. "I've always liked the name Hannah."

ak marengwen tou pwofite rantre tou. Penti blanch ak vèt ki sou mi yo kòmanse dekale.

Doktè a rantre nan sal la pou l pase vin wè ti bebe yo k ap dòmi. Ou ka wè li tris. Èske se yon lòt timoun ki enfekte ak maladi a ankò? Timoun sa yo pa gen okenn chans pou yo adopte yo. Lopital la ba yo dlo sikre pou yo ka sispann kriye. Se nan moman sa yo li santi l pi dekouraje, san pouvwa pou l fè kichòy. Sèl sekou l wè se misyon ki lavil la. Li pran telefòn lan pou li rele yo.

Ti bebe a ap dòmi, tisouf li fè bouch li ap louvri-fèmen, ti lestomak li ap monte-desann. Misyonè yo a ap obsève l; li pa gen sentòm ak siy SIDA sou li. Li menm ak madanm li deja ranmase yon lòt timoun abandone.

"Ki non nou pral ba li?"

Madanm li pran ti bebe a nan bra l, l apiye l sou zepòl li, l ap bèse l tou dousman, epi li di, "M te toujou renmen ti non Hannah a."

7

LEAVING HOME

Laurenne

The evening comes suddenly to Laurenne Louis, gathered in her father's arms and shivering in the dusk chill. The bag is filled with her belongings that bump with every step against her father's stomach as they walk to the shoreline.

She knows Abricots, her home, with its clear water and boats dotting the skyline with every sunrise. The fish are harder to find now. Her father's lips grow small and unmoving. The ship looms in the harbor, bigger than her father's fishing boat, a monster's shadow engulfing the people who litter its deck instead of the nets and fish she is used to seeing. Their shadows sway and shift as the waves come and go, ghosts of possibility and new beginnings. That's what her father had said this was. A new beginning.

Her father sets Laurenne down on the deck and she wraps her arms around his knee. Around them are mainly young men and women, some families with children like her. All the other children are scared, none will look at her. As the boat launches and fights the waves to reach open water, Laurenne can't even see over the railing.

The darkness is still settling as the passengers begin to sit and huddle, preparing for the journey. After her father sits against a wall, she crawls into his lap and rests her head on his chest. He wraps her in his arms and she can feel that his heartbeat is steady and strong, she tries to focus on it, counting between each beat. Between that and the rolling waves, Laurenne is soon fast asleep.

When she opens her eyes the sun is starting to rise and the other passengers are starting to stand up. Her father shakes her shoulder again and lifts her up, resting her on his hip.

7

KITE LAKAY OU

Laurenne

Li te deja kòmanse fè nwa lè Louis, papa Laurenne, ranmase tout afè Laurenne yo mete nan yon sache epi li pran wout la kenbe Laurenne nan bra l pou yo al sou waf la. Bò lanmè a fè pi frèt lè solèy fin kouche.

Li konnen zòn Abriko a byen. Se kay li, se la li rete. Dlo a klè, li bèl sitou lè maten granm bonè lè ou ka wè yon bann ti bato sou dlo. Sèjousi li pa fasil pou jwenn pwason menm. Ou ka wè jan bagay yo difisil sou figi papa a.

Gen yon gwo bato sou waf la, pi gwo pase ti kannòt papa l konn al peche a. Olye de nas ak pwason bò lanmè a kòm dabitid, li wè yon pakèt moun chita bò lanmè menm jan ak papa l, y ap tann. Papa l esplike l fò yo al chache lavi a yon lòt kote. Pran chans yo.

Laurenne ak papa l monte gwo bato a. Yo chita. Bato a plen ak moun, sitou jèn fi ak jèn gason. Gen de twa fanmi ki gen timoun piti avèk yo, timoun laj li. Sou figi yo ou ka wè tout timoun yo pè. Bato a kòmanse pran lanmè. Vag lanmè a ap frape bato adwat agòch. Laurenne pa ka wè lanmè a, men li ka santi sekous vag yo.

Li poko fin fènwa nèt. Gen kèk pasaje k ap ranje kò yo, chache kote pou yo chita pou yo fè vwayaj la. Li chita sou kote papa a, li mete tèt li sou papa l. Li ka tande batman kè papa l. Bri vag lanmè a ak batman kè

Her eyes grow wide. The city is big. Really big. She can hear it roaring and squealing and moving. The buildings stretch on and on and on turning into tiny dots and she cannot even imagine all of the people that must be inside them.

She looks at her father who smiles back at her glance, but as his head turns back to looking at the city, it disappears. Everything about him seems to freeze, except for his eyes, which seem to never stop moving. They grow big and she can see they are pink around the edges. His arm clenches tighter around her.

Time slows as they grow closer to shore, her grip around his neck grows stronger and her father grows more restless. They don't say anything, listening to the waves splash and fade and the murmuring of other passengers. The sounds of the city grow louder, slowly overwhelming the quiet sounds of their journey as they approach at a snail's pace. The people on board gather together near the exit while Laurenne and her father hang back, wavering as they watch the rest of the passengers walk on shore.

Laurenne's father squeezes her in a quick hug before setting her down on the boat floor. She wavers a bit before reaching up her hand for his. He lifts his hand away for a second, she can see it shaking slightly like a leaf in the wind, his face looking as if he will break apart at any second. He closes his eyes for a second and takes a deep breath before lowering his hand into his daughter's for the last time in a long time.

When her father first told her she had to leave, she ran away. She ran and ran and ran until she met the ocean. Her little fingers wrapped around as many rocks as she could hold and her father found her shuddering over a pile of ocean kissed rocks and shells. He stood for a moment, wavering, she looked up but couldn't see his eyes as he stared past her at the ocean. He took a deep breath and crouched next to her, gathering her in his arms. She pressed her face into his shoulder, breathing him in. She could feel him shaking too.

papa l fè on ti dòmi pote l.

Lè li reveye, solèy la te fèk ap parèt nan syèl la. Te gen pasaje ki te deja sou pye. Menm kote a li wè li pa Abriko ankò. Vil sa a pi gran anpil pase Abriko. Li wè on bann kay, kay sou kay. Li panse fòk gen anpil moun k ap viv andan kay sa yo.

Li gade papa l, papa l souri ba li, epi li pran men l. Tank bato ap apwoche pou l al koste nan waf la, tank papa a kenbe men l pi di. Youn pa di lòt anyen. Yo tande vag lanmè a, yo tande lòt pasaje yo k ap pale, e yo kòmase tande vwa ak bri moun ki kanpe bò waf la. Laurenne ak papa li pa kouri desann bato a tankou tout lòt pasaje yo. Yo kanpe yon bon ti tan pou yo gade lòt moun yo k ap desann. Laurenne ka santi men papa l ap tranble. Figi papa l tris. Laurenne ka wè papa l fèmen je l pou on moman, epi papa a fè on gwo soupi anvan li pran men li pou yo debake.

Premye fwa papa l te di l fò li ale kite l, li te sove. Li te kouri, kouri rive al kache jis bò lanmè a. Lè papa l te resi jwenn li, Laurenne te bò lanmè a ap kenbe fò nan men li yon bann ti wòch, yon bann ti koki li ranmase bò lanmè a. Li te chita sou yon pil wòch, tout kò l ao souke, ap kriye. Papa a te kanpe bò kote Laurenne, men li pa janm gade li. Li te pito gade lanmè a ki blayi devan l lan. Finalman, li akoupi bò kote Laurenne. Li pase men l nan kou l. Laurenne mete tèt li sou zepòl li. Li tande papa a k ap respire, li santi papa a k ap tranble.

8

FREEDOM

Calos

Calos sneaks out, barely making a sound in the night as he slips past the notice of the other wards in Pastor Eric's house. He is just another child to watch, another mouth to feed, another unwanted troublemaker looking for fun. His three friends wait outside, and Wagel slaps him on the back as they walk away with hushed laughter. Calos looks forward to the buzz of alcohol and freedom from too many people and unwanted children in a too small house with nowhere to go.

The club in the countryside only opens on holidays. Pop ups of lights, music, and alcohol all scattered in a yard, people mingling around a gazebo, tables and chairs, swaying, drinking, dancing through the night.

The preteen boys pool their money on the table, their legs swinging wildly off their chairs as they count goudes to see what they can buy. Experienced hands count and calculate how many drinks each boy can have. Prestige or rum—Calos prefers the beer.

The yard is surrounded by high walls of concrete, feeling safe and freeing—another world to be had through the gate. Calos sips a Prestige, his body growing fuzzier with every swallow. The open dance floor beckons. He twists and turns, laughing as he dances among legs and spilled drinks.

This is life. This is freedom.

Standing by the table with Wagel, they watch as their friends dance and the bright lights make them blink more than usual. It is loud, people are pushing past in dance and drink and fun.

8

LIBÈTE

Calòs

Calòs fofile sot deyò a tou dousman lannwit lan san li pa fè on ti bri. Li pase an chat pent bò kote lòt timoun yo Pastè Eric pran pou l okipe yo. Li te sentman on lòt timoun pastè a pran pou l okipe. Yon lòt bouch pou pastè a bay manje, yon lòt ti tèt chaje ki t ap chache lavi nan lari a. Li gen twa ti zanmi k ap tann li deyò a. Wagel bat do Calòs lè li vin jwenn yo deyò a. Yo pran ri ansanm. Calòs santi li libere. Li pral bwè on ti gwòg. Kay la gen twòp timoun, kay la twò piti. Men timoun sa yo pa gen lòt kote pou yo ale.

Klib nan zòn la sèlman fonksyone nan epòk fèt. Gen limyè, gen mizik, gen tafya. Anba tonèl klib la, gen moun k ap pale, moun k ap danse, moun k ap bwè tout lannwit lan.

Ti mesye yo met kòb yo ansanm, y ap konte konbye goud yo genyen pou yo achte. Ak kòb sa a, y ap gade konbyen byè Prestige ak vè wonm yo kapab achte. Calòs li menm renmen byè.

Klib la andan on lakou ki fèmen ak yon gwo mi an siman ki byen wo. Mi an fè yo santi yo an sekirite, li fè yo santi yo lib. Lè ou sot deyò se on lòt bagay. Calòs ap bwè on byè Pretige. Chak gòje li pran fè li vin sou. L anvi danse. Li monte sou pis la, li danse, li ri, li danse.

Sa a se lavi. Sa a se libète.

Wagel avèk li kanpe bò tab la, y ap gade lòt zanmi yo k ap danse. Mizik la wo. Chaje moun k ap bwè, k ap

Calos leans forward over the sticky plastic table toward Wagel to say something, when he feels a hand on his shoulder. He looks back. The church committee. All of them. Pastor Eric sent them.

A tall man tells him to follow them outside. Calos' cheeks grow hot. He looks back at Wagel, who is pretending not to look at him, but he catches the corner of Wagel's eye. Wagel shrugs sadly, and continues watching the dance floor, trying to look as inconspicuous as a ten year old at a club can.

Calos follows the church committee slowly, the alcohol still lingering in his veins, the beats from the speakers pounding in his bones as they closed the gate behind him. The walk home was quiet except for the occasional sermon.

"He is acting like someone who doesn't have any morals or principles." A deacon says, being sure to speak loud enough for Calos to hear.

"Maybe the Pastor will kick you out of his house." Another elder from the church says, his hand still firmly gripping Calos' shoulder.

Calos kicks a stone, listening to it bounce along in the dark. Dread grows as Pastor Eric's house grows closer.

When the committee leads Calos into the house, Pastor Eric is waiting. He is silent for a moment. Staring down at Calos. Pastor Eric is fierce, a rock, and Calos knows from experience that Pastor Eric's discipline can be painful. The wait is the worst, anticipating, afraid of potential futures.

"We missed you at prayer." Pastor Eric says through pursed lips.

Calos closes his eyes. He had forgotten about family prayer. They would have noticed he was missing there. Pastor Eric walks over to the closet where they charge their phones and opens it without saying a word. Calos looks at it, then back at Pastor Eric, who is staring at him with hard eyes. Calos crawls into the closet

danse. Calòs apiye bò zorèy Wagel pou li di yon bagay lè l santi yon men sou zepòl li. Lè li vire, li wè manm komite legliz la kanpe dèyè l. Yo tout la. Se Pastè Eric ki voye yo.

Yon mesye wo nan komite legliz la mande Calòs pou li soti deyò a avèk yo. Calòs santi l enkonfòtab. Li voye je gade Wagel ki fè kòmsi li pa konnen li. Wagel twò jèn pou l nan klib la, li pa bezwen atire atansyan pèsonn nonplis.

Calòs soti ap komite legliz la. L ap mache dousman. Byè a nan tèt li toujou. Epi mizik la ap mache nan san l toujou. Yo pa pale twòp nan wout la. Men tanzantan, yon moun nan komite legliz la raple li pa t dwe nan klib la.

Yon dyak nan legliz la di byen fò pou Calòs ka tande, "L ap aji tankou yon moun ki pa gen pidè, yon moun ki pa gen prensip."

"Ou pa janm konnen, pastè a ka mete msye deyò," yon lòt manm komite legliz la lage.

Tank y ap apwoche kay Pastè Eric la, se tank Calòs vin pi pè. Lè manm komite legliz yo rantre anndan kay la, Pastè Eric te deja chita la ap tann yo. Li gade Calòs pou on ti moman san li pa di anyen. Nenpòt moun ka wè jan Pastè Eric fache. E Calòs konnen Pastè Eric pa jwe ak timoun.

Pastè Eric di Calòs, "Apa nou pa t wè ou aswè lè n t ap priyè."

Calòs pase men sou figi l, je l prèske femen. Li te bliye koze lapriyè yo fè chak swa a. Pastè Eric gade Calòs. Calòs gade klozèt la. San yon mo, Calòs rantre nan klozèt la. Pastè Eric fèmen pòt klozèt la. Fè nwa anndan klozèt la. Sant batri yo itilize pou chaje telefòn te fò epi chaje ekipamn elektronik yo sere nan klozèt la. Tank li

and Pastor Eric closes it behind him.

It is dark. He could spread out his legs, and if he doesn't hit the battery it isn't that bad. The battery smell curls his nose hairs, noticing it more every passing minute. He chokes on it. It makes his head grow fuzzy, not unlike alcohol. Calos punches the wall of the closet, thinking about his friends still having fun at the party. It isn't fair.

Other children come up to the closet door, laughing at Calos as he tries to lie down and sleep.

"Prisoner."

"Loser."

"Sinner."

Calos' anger grows, but he can only threaten, his clenched fists useless behind the locked closet door. He is powerless. "Wait until I get out!" he yells at them, especially at Emmanuel, who is the most persistent in his torment. Emmanuel is bigger than most his age and has been at Pastor Eric's much longer. The kids whisper to one another that Emmanuel's mom abandoned him at an early age, choosing drugs over her son. Emmanuel's breath is always putrid, even more so this night as he hisses at Calos through the closet door. Eventually the children go to bed—it is the only part of the day when all eighteen people in the house are quiet.

Calos lays there, his head next to the noxious battery, listening to the silence of the night, straining to hear the sounds of the club somewhere in the distance. Silence. Hissing battery. Buzzing insects.

Calos wakes to the sound of hinges creaking. He looks up to see Madame Eric, Pastor Eric's wife, standing there with an outstretched hand, the lines across her palm highlighted by the moonlight. He takes it and she helps him out of the closet. The moon has moved farther across the sky, almost hidden behind the mountain. He rubs his eyes, waiting for her to speak.

fè plis tan nan klozèt la se tank li santi sant lan ap boule nen l pi plis. Sant lan fè l touse. Li fè tèt li vire preske menm jan ak Prestige la.

Lòt timoun yo fè espre vin bò pòt klozèt la pou yo anmède li e griyen dan sou li.

"Prizonye," youn di.

Li tande on lòt vwa ki di, "Vakabon."

"Pechè."

Calòs vin pi fache toujou. Men li pa ka fè anyen kote l fèmen an.

"Ret tann lè m soti n a wè. Ou menm Emanyèl, se toupizi, m ap toupizi w."

Se Emanyèl ki pi anmèdan. Emanyèl parèt pi gran pou laj li. E se li ki te gen plis tan kay Pastè Eric la.

Timoun kay Pastè Eric yo konn di manman Emannyèl abandone l depi li tou piti pou l al nan dwòg. Yo konn anmède Emanyèl tout tan.

Finalman lè dòmi rive. Se sèl lè pa gen bri nan kay la. Tout disuit timoun al kouche. Calòs nan klozèt la toujou, tèt li tou pre batri toksik la. Dòmi po ko pran l. Li kouche. Li ka tande mizik k ap jwe nan klib malgre mizik la te lwen, malgre moun p ap pale. Li tande bri batri ap fè a, li tande moustik yo k ap jwe akòdeyon nan zorèy li.

Bri pòt klozèt la fè l sote. Lè li leve atè nan klozèt la, li wè Madan Pastè Eric kanpe devan l. Manzè lonje men ba li pou fè l soti nan klozèt la. Li te preske fin fè nwa nèt. Ou pa ka wè lalin nan nan fenèt la ankò. Calòs pase men nan figi l, li pa di anyen, l ap tann Madan Pastè Eric pale.

"Calòs, si ou vle ret isit la, ou pa kapab kontinye al nan klib non."

Calòs pa di anyen toujou l ap koute. "Si se pou sa

She speaks to him in a harsh whisper. “If you want to stay in my house, you can't go back to the clubs.” She crosses her arms. “Otherwise, you can leave right now.”

He looks up at her tired stern eyes. He imagines his friends dancing in flashing lights, the faint taste of Prestige lingering on his tongue, he can almost feel the music shaking his bones. His eyes flash back to the battery closet.

“I’ll stay in the house.” She gives him a look, and he continues. “And I’ll never go back to the clubs.”

She nods, satisfied, and closes the closet door before walking back to her bed, leaving him alone in the night, his head still buzzing with alcohol and battery fumes.

ou mèt kite kay la jodi a," Madan Pastè Eric di.

Eric gade anwo, li gade anba. Li sonje zanmi l yo k ap danse nan klib la. Li pran gou Pestige la nan gòj li. Li santi mizik la venn li. Li gade klozèt ki gen batri toksik la landan l.

"M vle rete." Madan Pastè Eric gade l. "M di w Madan Pastè Eric, m p ap tounen nan klib yo ankò."

Madan Pastè Eric kite l soti nan klozèt la pou li al nan kabann ni. Li kouche, men tèt li pot ko fin klè. Tet li t ap vire toujou ak tafya Prestige ladann ak tout sant batri toksik la ki te nan klozèt la avè l.

9

BROKEN

Patrick

Patrick's hands clench a sappy branch above his head as he pulls himself up. The bananas are hidden at the top of this coffee tree in his backyard, ripening in the summer sun. Patrick is shaded within the tree though, the unyielding muggy summer heat abating as he climbs. Patrick's sure and practiced hands feel the bark, rough and strong beneath his fingertips. He reaches for a new branch a couple feet to the right; it is a little higher than he can reach. He stretches—his stomach drops, wavering off balance. He grabs at whatever he can reach—a twig snaps—he hits a couple branches on the way down—his left arm slams into the ground, his body crumbling on top of it.

"Patrick!" His mother yells, storming out of their house toward him. "What did I tell you about climbing trees?" She leans him over and spanks him. "You've got to be more careful!"

Patrick's pants start falling down and he tries to hold them up—but only his right arm moves. Madame Gimel stops spanking him, staring at his left arm. She reaches out and takes hold of his left hand, Patrick winces. He can feel it now, and it hurts. It is a stabbing, pulling, aching feeling throughout his whole arm. "Can you move it?" She asks.

Patrick tries to move his fingers. Then shakes his head, "No, maman."

Madame Gimel chokes on her words, her hands start to tremble as she strokes his arm and hand, "Pitit mwen, my child."

His mother knows that it is a ten hour walk to the doctor, the same doctor she had walked her other son Eldet to all those

9

KASE

Patrick

Patrick rale yon branch bwa anwo tèt li pou l ka grenpe. Li gen yon rejim fig li te sere anwo tèt pye kafe nan jaden l, k ap mi anba solèy jiyè a. Erezman Patrick jwenn yon ti lonbraj nan fèy pye kafe a. Se pa ti chalè l fè, men fòk li monte pye bwa a. Patrick abitye monte pye bwa. Li konn pye bwa a byen. Pandan l ap eseye atrap yon branch ki pi wo ak men dwat li, li pèdi ekilib li, li chape epi l tonbe. Patrick blayi atè a plat, li tonbe sou bra goch. Li pa gen tan pare tonbe a.

Manman l kouri deyò a lè l tande bri. "Patrick, mwen pa pale w pou zafè monte pye bwa sa a?" Li bese atè a, e li pase l detwa pataswèl. "Se bon pou ou. Se pou w pran plis prekosyon."

Pantalon Patrick ap tonbe sou li, l ap eseye monte l, men se sèl ak men dwat la li ka sèvi. Madan Gumel sispann ba l kou lè li wè bra goch la men wotè. Lè li manyen l, Patrick fè yon grimas. Se kounye a li santi doulè a, nan tout bra a, tankou se rache y ap rache bra a. Manman mande l, "Eske w ka leve bra a?"

Patrick ap eseye jwe dwèt li, leve bra a. Li sekwe tèt li, li di manman, "Non manman, m pa kapab."

Madan Gumel prèt pou toufe, men l kòmanse pè, l ap tranble. "Pitit mwen, èske m pa di w sispann koze monte pye bwa sa a?"

Manman an konnen l ap pran dizèdtan pou li mache pou li rive kay doktè ki pi pre a. Se kay menm

years ago. The medsen fey—leaf doctor—is only an hour away. She walks with him to the medsen fey, reassuring him while her heart grows heavier, looking at his limp arm. Every so often she would pray out loud, asking Jezi to heal her son. Patrick kept trying to move it. His fingers, his hand, his elbow—anything. Nothing worked. His heart felt like it was swelling up inside of him—fear growing and threatening to burst.

The medsen fey is sitting on his porch drinking something steaming and his eyes are half closed. His hair is graying, and his wrinkled toughened face looks like it has seen many days in the unshaded sun. Madame Gimel marches up to him, Patrick following behind like a baby duckling. The man looks up at her and smiles, placing his cup on a small table next to him. She does not smile back. She shows him Patrick's arm, and sits Patrick down in the seat next to the leaf doctor, who is looking more awake now.

"They are healing leaves." The medsen fey explains, pulling out a wooden box. "They will help his arm to move again."

After covering his arm in leaves, the leaf doctor ties some cloth at Patrick's elbow. He pulls, cinching Patrick's arm like a balloon. "There." He says, rubbing his own hands together, examining his handiwork. "If anything will help your son, this will." The medsen fey stands and faces Madame Gimel expectantly. She pays him, a little unsure.

At home, Patrick's arm begins to swell past the elbow. The cloth is tight, cutting into his skin. His forearm feels dead and numb. Eldet pokes it, and Patrick can feel it tingle. A month after seeing the medsen fey, after much discussion, Patrick's father takes off the cloth. Patrick can feel the blood rushing back to his fingertips.

Madame Gimel brings Patrick to his godmother, who was first aid trained by a missionary. After a walk through the afternoon they reach her house, and first she gives out hugs and

doktè sa a li te mennen lòt ti gason l la, Eldèt, lè li te malad, sa fè kèk tan. Doktè fèy la pi pre. L ap pran yo inèd tan sèlman pou rive jwenn li. Manman l kouri al lakay doktè fèy la, l ap eseye bay Patrick kouraj. Bra a te gen tan anfle men otè. Li toumante, l ap rele Jezi, Jezi, detanzantan, pou pwoteje bra pitit la epi pou geri l. Patrick ap eseye fè mouvman ak bra a, ak dwèt li, ak koud bra: Anyen menm. Anyen menm. Li kòmanse pè toutbon.

Doktè fèy la chita sou on pewon devan pòt lakay li l ap bwè yon te cho, chalè tè a ap soti nan gode a. Cheve nan tèt li tou blanch. Ou wè figi l ap ratresi anba laj. Ou wè tou se yon moun ki viv anpil esperyans, ki wè anpil bagay pase devan l. Madan Gumel apwoche l; Patrick pye pou pye ap swiv li tankou yon ti poul dèyè manman. Granmoun nan kontan wè yo, li depoze gode li t ap bwè te a sou yon ti tab pou li resevwa yo. Manman l pa gen kouraj pou li souri ba li. Li montre l bra Patrick. Li fè Patrick chita bò kote doktè fèy la.

Doktè fèy la rale yon bwat chaje fèy. Li ap eksplike gen fèy ki ka geri moun, "Fèy sa a ka pèmèt li bouje bra a trapde."

Doktè fèy la kouvri bra a ak fèy rive jis nan koud la. Li bande bra tankou. Li fwote de men l, li gade Patrick epi l di, "Men li, si gen yon bagay ki ka ede pitit ou a, se sa." Doktè fèy la kanpe fasafas manman an; madanm la peye l; men li on ti jan sispèk.

Patrick tounen lakay, bra ap anfle pi wo koudabra l. Bandaj la sere, prèt pou rache po l. Li pa santi anyen menm apre koud bra. Se kòmsi bra a te mouri. Eldet peze bra a, Patrick santi doulè a sou lo konn se yon kout kouran. Yon mwa pase depi l te wè doktè fèy la. Lè l ap plede plenyen bandaj la twò sere, papa l pa fè tèt di li

food before she sits down next to Patrick. She rubs his limp hand, tutting every so often as she examines him.

She gives Patrick some pills with a pat on the cheek, saying it will help with the swelling. She massages his arm, cleaning and then rubbing it with some cream. When she is done, she sends Madame Gimel and Patrick home with some more pills. She says to come back every couple of months. Patrick holds his limp arm against his stomach with his right hand as they walk—the sun setting across the mountain in front of them—back to their home. His mom puts her arm around his shoulder, holding him against her as they walk. They have to walk slower because of it, but neither minds. It is a quiet and solemn walk.

Patrick looks down at his arm, limp and useless against his side. He stares at his hand, he concentrates so hard his head starts to hurt. Move. He closes his eyes for a second. Tanpri. He opens his eyes and holds his breath. His fingers—they wiggle. Maybe it was his imagination, or the wind, or a spasm, but a little bubble of hope rises in his chest.

A year later, as the neighborhood pick teams for football, the other kids always shake their heads.

"Take it easy," they say.

"You're no help to us. You'll just get in the way."

Patrick sits in the shade and watches, mindlessly rubbing his arm, which still throbs. When his family moves back to town he doesn't go to school. Too much pain. Too much trouble.

His thumb starts to curl inward—tight, tense, aching and nothing helps. A woman comes and his mother smiles, offering her something to drink. She sits with Patrick at the table, twisting his hand palm up and circles his thumb with her forefinger. She massages it—Patrick has to clench his teeth but can't help but flinch at times. She fits a brace for his arm to keep it steady.

It doesn't help him sleep though, tears still come unbidden as he tries not to move his constantly aching arm.

retire bandaj la nan bra l. Patrick santi san k ap koule desen nan tout pwent dwèt li.

Nan apremidi, Madan Gumel mennen Patrick kay marenn li ki te resevwa fòmasyon kouman pou bay premye swen nan men yon misyonè. Anvan menm marenn Patrick gade ponyèt la, youn salye lòt, li ba yo kafe, li ba yo manje, epi li rekonfòte yo. Marenn Patrick netwaye ponyèt la ak alkòl, li mase ponyèt la ak yon longan.

Marenn la bay Patrick kèk grenn pou l pran pou ede kalme doulè a. Epi li ba li yon ti tib krèm. Li di Patrick sa pral ede enflamasyon an desann. Lè l fini, Patrick ak manman l di li mèsi, yo di orevwa epi yo tounen lakay yo. Li di yo pou yo tounen chak 2 mwa. Patrick soutni bra malad la sou lestomak li, epi li kenbe l ak bra dwat la. Pandan yo nan wout, solèy la te kòmanse ap desann dèyè mòn yo. Manman l pase bra l anba zepòl li pou li ede l mache. Y ap mache tou dousman.

Yon lane pase, y ap chwazi moun nan vwazinay la pou monte yon ekip foutbòl. Tout lòt timoun yo reponn prezan.

"Ou pa ladan."

"Ou pa ka ede n. Se deranje w ap vin deranje n."

Patrick al chita nan lonbray anba on pye bwa. L ap gade. L ap fwote bra l tou distrè; bra a toujou ap fè l mal. Lè fanmi an tounen al viv lavil, li pa ka tounen lekòl. Twòp doulè. Twòp traka.

Gwo pous li kòmanse defòme, li vin rèd, e l ap fè l mal, tout sa li fè pa amelyore sitiyasyon an. Bra a sitou anpeche l dòmi. Lè pou l vire nan kabann, li fè l mal; se pa ti kriye Patrick pa kriye tèlman bra a fè l mal.

Nenpòt ti aktivite, tout efò se traka. Li pran yon bann tan lè pou l abiye. Pou li met pantalon sou li se tèt

Even simple things are still a struggle. Putting on clothes takes a long time with only one good arm and hand. He sits, his pants on the floor and puts his leg through one hole—bending and twisting to lift them up with his right hand, his left hand flopping and slightly lifting to make way for the clothes.

Days. Months. Years. No school. No play. The walls seem too small and the world is spinning.

Gradual change, but change nonetheless. A hope. He steps outside to approach his mother, who is humming and working in the garden. He stops off to the side of her, holding his breath, his heart thumping with anticipation. He has been practicing and waiting for days. She looks up at him, blinking into the hot sun, before smiling and wiping the dirt from her hands.

"Watch." He says, brows furrowing, sparks of pain bursting from his arm as he slowly bends his elbow. Her eyes grow wide as she gives an involuntary gasp and claps her hands. After a moment she closes her eyes and whispers, "Thank you, Jesus."

She stands, the tower of strength in his life, and kisses him on the forehead. "You see? It's getting better." He smiles and tests the tension in his fingers.

Three years after he fell, Patrick's family moves to Jérémie, Haiti. On the trip he occasionally looks down and clenches his left hand, just to make sure he still can. He can help now. Help with chores and moving. He can play with other kids. His arm doesn't hurt anymore.

Maybe it was the brace. Maybe it was the prayers. All Patrick knows is that he can be a kid again.

chaje. Fòk li bese, pran yon pye ak men goch la—men ki bon an—epi, fòk li panche pou l fè l rantre nan yon pye. Epi rekòmanse ak lòt la.

Jou. Mwa. Ane. Li pa ka al lekòl. Li pa ka jwe. Li preske rete fèmen tout lajounen andan kay la. Epi sèjousi li gen tèt vire. Men ni Patrick ni manman l pa janm pèdi espwa. Men sèjousi gen ti amelyorasyon tou piti.

Yon jou, pandan manman l ap chante ap travay nan jaden an, Patrick pwoche l. L al montre manman li ka pliye bra a kounye a. Manman gade l, li souri. "Ou wè," li di manman l, "malgre m toujou santi doulè a, men mwen ka pliye ponyèt la, m ka fèmen dwèt yo."

Manman an sezi; li lage yon rèl epi li pran bat bravo. Li fèmen zye l yon ti moman, epi li di, "Mèsi Jezi."

Twa lane pase, fanmi Patrick vwayaje pou al rete Jeremi. Sou tout wout la, tanzantan, Patrick pa sispann jwe men goch li; detire dwèt yo, fè dwèt yo travay; li vle asire l bra kòmanse anfòm toutbon. Kounye a l ap ka ede manman lan ak travay nan kay la, ak jaden an. L ap ka deplase alèz, leve chay. Li ka tounen jwe ak lòt timoun yo.

Bra a pa fè l mal ankò. Bra a te geri nèt.

Pètèt se te tretman marenn nan. Pètèt se lapriyè manman an. Sèl sa Patrick konnen, sè ke l tounen yon timoun nòmal ankò.

10

BREAD

Pepe

Five gourdes in his pocket, Pepe walks around the market with a bounce in his step. Choices around every corner, his stomach rumbles and churns with possibility and hunger. Sticks and palm branches hold up tarps above makeshift tables covered in food and knick-knacks. Stall sellers sit in the shade behind the tables against the house walls that line the street. Pepe knows most of them and can talk weather and food prices as he explores the world at his fingertips.

The baker's stall seems to call to him. Bread could be a whole meal in itself. Soft or hard, fresh or not, bread would fill his always growling and empty stomach. Five goudes for five pieces of bread from an old woman baker who knows him well.

The five pieces of bread rest in his pocket, rubbing against his pants and skin, reminding him that they are waiting for him. His hand plucks out a piece as he walks next to the street gutter, running with chemicals and bodily fluids. The smell of the bread is full of life and flour. He breaks off a corner with his teeth and can feel the dry texture turn spongy with his saliva. After savoring the taste, the bite, the swallow with the first, he devours the rest of piece of the bread before he arrives back home.

Pepe feels the remaining four pieces of bread in his pocket, reassuring himself that they are there before walking in his house. The children are sleeping, scattered along the floor on blankets and breathing deeply on the dusty ground. As he tries to step over and around them, one by one they awake to the sound of Pepe's footsteps, and the faint smell of fresh bread.

PEN

Pepe

Ak senk goud nan pòch li, Pepe ap monte desann nan mache a. Plen tout kalite bagay pou l achte nan tout kwen mache a. Vant li ap bouyi ak grangou. Men li gen senk goud nan pòch li. L ap jwenn on bagay kan menm pou li manje. Mache a chaje ak ti tonèl ki kouvri ak fèy palmis, moso tach, ak vye prela. Machann yo chita sou kote machandiz yo. Gen bak manje, fritay ak lòt kalte machandiz. Pepe konnen yon pakèt machann k ap vann nan mache a. Li pale ak tout moun keseswa sou bon tan, move tan, pri manje, elatriye.

Machann biswit la rele l. Biswit la gen dwa se sa sèlman li pral manje. Menm si yo ta deja fin rasi. Biswit la ka plen vant li k ap bouyi ak grangou. Senk biswit pou senk goud nan men machann biswit. Machann konn Pepe. Pepe konn vin nan mache a deja.

Li mete senk biswit yo nan pòch pantalon li. L ap mache toujou, monte desann nan mache a, travèse rigòl fatra. Tanzantan li kase on ti mose pou l manje. Biswit la santi bon. Pen se lavi. Ditan pou l rive lakay li, Pepe te fin manje yon biswit. Li gen kat lòt biswit nan pòch li. Li manyen pòch pantalon l pou l fè si yo la toujou.

Lòt timoun yo ap dòmi toujou. Yo blayi atè nan kay la. Youn apre lòt yo reveye pandan Pepe ap pase bò kote yo. Yo pran sant biswit la.

"Se pa dòmi n ap dòmi?" Pepe mande yo.

“Aren’t you sleeping?” Pepe whispers as he sits on his bed.

“Are you eating?” one of his sisters asks in the dark. His three younger sisters and one brother are soon completely awake at the prospect of food.

“Do you see me eating?” He raises his empty hands, silhouetted against the moonlight coming through the window.

Another rubs her eyes and says, “But I can smell bread!”

“Where is it? I can’t see it.” Feigning looking around him, he raises his blanket and exaggerates searching.

“It must be with you somewhere,” said his oldest sister, just a few years younger, now sitting on her heels and staring at him, the trickster. She knows him and his sneaky ways.

“Okay, then come find it.” The challenge set before him, with one swift motion, he takes the bread out of his pocket and slides them all under his bed sheet before sitting on top of them. He will protect what is his from the horde coming towards him.

The swarming children, searching his clothes, rub their little hands all over his body and explore his pockets.

“We know it’s here!”

“We can smell it!”

“Get back in your beds,” he says. The children stop searching and slowly go back to their beds, but their sad faces are too much for Pepe. He takes out one piece of bread with a lavish gesture, holding it over his head to watch their faces rise and smile. Like a king bestowing gifts to his subjects, he breaks it into even pieces and distributes it with a smile and a push back to their beds.

His oldest sister points to the bed with her little piece of bread clenched between her long fingers, “You have more! Why don’t you share all of it!”

Pepe looks down at the corners of bread peeking out from under his leg, “I need the rest to make with soup tomorrow.”

His siblings are excited at the prospect of soup. They giggle and nibble before finally falling asleep. Later, the only one awake,

"W ap manje?" Youn nan sè li yo di nan fènwa a. Lòt twa ti sè yo ak frè li kouri leve lè yo tande Pepe vini ak manje.

"Ou wè m ap manje?" Li di yo. Li montre yo de men li vid.

Youn nan ti sè yo ak tout dòmi nan je l, di, "M pran sant biswit."

Pepe pran pòz l ap chache. "Kote ou wè biswit la? M pa wè biswit mwen menm?"

"Ou sere yo," ti sè ki pi gran an di. Mamzèl se on ti entelijan, epi li konn Pepe se on entelijan tou. "Biswit yo la."

"Eben, vin chache yo. Pandansetan, Pepe kouri retire biswit yo nan pòch li, li mete yo anba dra epi li kouche sou yo pou li sere yo. Kote li gen biswit pou li separe ak kolonn timoun sa yo k ap vin sou li a. Timoun yo fouye pòch li, pase men yo tout kote pou yo jwenn kote li sere yo.

"Nou konnen ou gen pen. Nou ka pran sant biswit la," yo tout di.

"Al nan kabann nou," Pepe di yo. Ak ti figi yo tris byen fennen, yo reziyen yo kite sa. Sa fè Pepe mal. Se lè sa li rale on grenn biswit. Lè timoun yo wè sa, kè yo kontan. Tankou yon wa k ap separe manje bay moun, Pepe separe biswit la ak ti sè l yo, ti frè l la.

Ti sè pi gran an di, "Ou gen plis biswit Pepe epi se sa sèlman ou ba nou."

"Rès la se pou m fè soup demen maten," Pepe di yo. Lide ap gen soup demen maten an kalme yo epi yo retounen dòmi.

Lè tout timoun dòmi, Pepe rale lòt twa biswit yo anba dra a. Youn pa youn li manje yo. Li pran san l pou l manje dènye grenn biswit la. Se kòb li ki achte yo, se

Pepe pulls out the last three pieces of bread.

Pepe lines them up on his blanket, and picks one up. Tearing at the corners, he eats it from the inside out. The second one he tears with his teeth in two pieces, chewing half at once before swallowing with great eagerness. The third he takes more care to taste-eat-bite, savoring his hard earned bread before swallowing. His siblings hadn't made that money. The bread is his. Besides, he shared one piece with them. He falls asleep on the crumbs covering his sheets with a smile on his face.

When the sun comes up, the children wake with soup on their minds, leftover from their dreams. They are all awake, and Pepe gets up and stretches. He looks for the bread around his bed, seeming to grow more and more frantic. He shakes out the blanket to show them that the bread is gone.

"What happened to the bread? Come help me look!" he says, as if desperate to find their bread for soup. They look under blankets, chairs and in empty cupboards, and they quickly have nowhere else to look.

"Who ate the bread?"

"I don't know."

"It wasn't me!"

"Was it you?"

"I don't know either," Pepe says, his face all sadness and disappointment, quivering with only a shadow of a smile. Four hungry sisters and brother look up at him, eyes wide and shining in the morning sun. Shaking his head, he says, "It must have been a rat that came and ate it all." The oldest sister holds onto her disbelief, but with no proof, it would only stir up more trouble.

One by one, the children leave to work, tasting the dream of soup and bread on the back of their tongues. But Pepe smiles, his stomach full, a new and happy feeling.

pou li yo ye. Epi li te ba yo ladan. Dòmi pran Pepe ak vant li plen, ak kras biswit yo nan dra a.

Demen maten timoun yo leve ak kè kontan ak tout rèv soup pen nan tèt yo. Yo panse Pepe pral fè soup. Lè Pepe li menm leve li pran pòz l ap chache biswit yo. Chache biswit, li pa wè biswit. Vin ede m chèche. Tout timoun yo pran chache avè l: anba dra, sou tab, toupatou. Yo chache biswit, biswit chache yo. Biswit disparèt.

"Kiyès ki manje biswit yo?"

"M pa konnen."

"Se pa mwen menm!"

"Èske se ou?"

"M pa konn anyen nan koze manje biswit," Pepe di yo ak ti figi li byen tris.

Kat ti sè grangou ak ti frè a ap gade li. Pepe di yo, "Fòk se rat ki manje biswit yo."

Ti sè ki pi entelijan an pa sanble l kwè istwa rat manje biswit yo, men pito li pa di anyen. Se kon sa youn pa youn, timoun yo kite koze biswit yo ki disparèt la, ak tout gou soup yo te dòmi avè l nan lespri yo. Pepe fè ladènye sou yo. Pepe souri ak vant li plen, yon bagay ki abitye santi.

11

SICK

Eldet

Eldet tries to cry, but Madame Gumel can see that his lungs are struggling to fill. He can't breathe. As his little five-year-old lungs shudder, he sweats with fever, shaking. A dark rough rash has spread, his once-smooth arms now covered.

They are alone with their little house and garden in the vast countryside, with nothing but mountains and palm trees for company. No phone lines stretch this far.

She fears the unknown, especially in such isolation. She will not lose another child; she must act.

The nearest doctor is thirty kilometers away. If they had a motorcycle they could reach him in about an hour. The luxury of a donkey would only be three hours. A bicycle would take four or five.

Walking will take at least nine. Maybe twelve with the added weight, not including time to rest. She prayed there would be enough time.

Their small garden and a half bag of rice will have to be enough for the other children until she returns. They can take care of themselves; they will be fine. She cannot worry about them now. Madame Gumel wraps Eldet in her arms in their two room house and carries him outside and into the jungle. There hasn't been rain, so the river is low enough to cross and the roads aren't sticky with mud, so she thanks God. The road is still long ahead of her, with oddly shaped rocks scattering the path under her callused feet and holes where the rain drains, collects, and stays for days in the shade.

MALAD

Eldet

Menm kriye Eldet pa ka kriye. Madam Gumel ka wè li pa kapab respire. Poumon l fèb pou yon timoun senk lane. L ap swe ak on lafyèv cho sou li. Li gen frison. Tou de bra l kouvri ak yon gratèl. Bra yo tou nwa.

Yo poukont yo nan ti kay la ak ti jaden yo nan mitan yon pakèt tè. Yo antoure ak yon pakèt mòn ak yon pakèt pye palmis. Telefòn pa rive bò kote yo a.

Li pè. Li pè paske yo izole konsa. Li p ap pèdi yon lòt timoun ankò; fò li degaje kou li fè yon bagay pou ede l.

Doktè ki pi pre a apeprè 30 kilomèt kote yo ye a. Si yo te gen yon motosiklèt yo ta ka fè wout la nan yo inèd tan kon sa. Sou bourik, l ap pran yo twa zè. Sou bisiklèt nempòt kat senk è.

Mache ap pran nevèdtan. Petèt menm douzè ak chay y ap pote, plis fò yo fè ti kanpe pou pran repo lè yo bouke. L ap priye pou yo gen tan rive anvan li twò ta.

Sa ti jaden an bay plis mwatye sak diri ap sifi pou kenbe lòt timoun yo jiskaske li tounen. Yo ka voye je sou kò yo. Li pa kapab ap tripòte lespri l kounye a de lòt timoun. Madan Gumel mete Eldet sou zèpol li, li kenbe li ak de men epi li kòmanse mache. Gen de twa jou lapli pa tonbe, rivyè a p ap twò wo, l a ka janbe l. Wout la pa gen labou nonplis. Li di Bondye mèsi pou tou sa. Wout la long, li chaje wòch e li gen twou kote lè lapli fin tonbe ma dlo yo konn al chita.

⁂

Hours. Miles. Hours. The shadows lengthen as the muscles in her arms spasm, begging for rest in the never-ending walk through and over the tropical green. She can no longer tell the difference between her shaking arms and his shaking breath. The brush, palm trees, and butterflies she once considered beautiful are now only irritations, obstacles between her and safety for her son.

She looks at Eldet's little flushed face, wiping sweat from his eyelids and lips tenderly. She speaks softly, not wanting to wake him.

"My child, you will be okay."

Step–step–step–stumble–step–step–stumble– a dance against time. Chasing the sun, willing it to not set as she follows the cleared road for cars and carts that never come. Soon it is too dark to see or walk. Madame Gumel stops under a tree off the path and dribbles a little water down Eldet's throat. The water spills over his mouth and runs down his neck. She takes some for herself, knowing that she must be ready to continue in the morning. She finds a patch of less rocky earth to lay on.

She holds Eldet close to shield him from the night's chill. My child. My darling child.

She barely sleeps. Every hour she wakes and holds a hand on Eldet's chest, waiting for him to breathe. Once she feels the light pressure of his lungs pressing into her palm she allows herself to lay back down on the fallen leaves. The moment the sun reaches through the leaves, she wakes with the light and gathers Eldet in her arms. The sun peeking between the palm branches lights the rocky path beneath her blistered feet, so she doesn't trip on jutting rocks.

Shifting Eldet's weight from arm to arm she continues, the sun rising and beating down on her exhausted body.

My darling child.

*

Anpil tan. Wout long. Anpil tan. Solèy la kòmanse pran wout pou l al kouche. Madan Gumel ka wè sa paske lonbray li pa anba pye l ankò. Bra li fatige kenbe Eldet sou zepòl li. Dèfwa li pa konn si se bra l k ap tranble osnon si se respirasyon Eldet ki fò kon sa. Li gade anwo, li gade anba, sèl sa li ka wè se pye bwa yo tou vèt, Se kòmsi li nan mitan on gwo jaden. Pa gen anyen ankò sou wout la. Nan moman sa a, pye bwa yo, pye palmis yo, papiyon yo li renmen wè yo tounen anmèdeman. Se kòmsi li wè yo bare wout li, bare wout sante pitit li pou l refè.

Li kanpe on ti moman pou l gade figi Eldet, li siye swè sou figi l. Li pale byen ba pou l pa reveye l.

"Pitit mwen, ou pral byen."

Ti pa ti pa ti pa—fo pa—ti pa ti pa ti pa: l ap taye banda ak tan an. L ap kouri dèyè solèy la. Solèy la pa ka al kouche anvan li rive. Elas, li fè twò nwa pou l wè e pou l kontinye mache. Li al chita ak Eldet anba yon pye bwa sou kote wout la. Li bay Eldet ti dlo, li bwè ti gout. L ap blije rete dòmi bò wout la aswè a. La pran wout la demen granmtimaten.

Li mete Eldet chita sou li. Li vlope Eldet ak de bra li pou l pwoteje kont seren an. Pitit mwen. Pitit cheri mwen.

Li pa fèmen je l tout nwit la. Tanzantan li leve epi li mete men l tou dousman sou lestomak Eldet pou l wè si l ap respire. Lè Madan Gumel si Eldet ap respire, li pèmèt tèt li fè on ti kabicha. Kote li wè pwent solèy la kòmanse parèt dèyè mòn nan, li ranmase Eldet, voye l sou zepòl li epi li rekòmanse mache. Fò l degaje l rive anvan solèy la vin pi cho. Lajounen li pi fasil pou mache, pou veye pou pye ou pa tonbe nan twou, tòdye ak wòch yo.

⁂

One more step, one more mile, she tells herself. For pitit mwen. As his breath grows quieter, she finds that she can walk a little faster. A little longer. Tears fill her eyes, but they will not fall. This is not the time. This is not the end. The sun dries her tears before they can fall from her lashes.

Hours and miles later, Madame Gumel stumbles past tree stumps, people washing clothes in the river and speeding by on motos, before finally reaching houses lining the street on either side of her. Town. She has been to the doctor here before; his house is concrete, solid, and clean. She knocks, leaning against the doorframe as she waits, her arms holding Eldet tight, not wanting to drop him in her exhaustion. The doctor opens the door with tired eyes, holding his morning coffee in a chipped mug. She bursts into the room and lays her son down on a cot. She collapses into a chair beside him, clenching her fists, willing herself not to cry or faint. The doctor set his coffee on a counter and approaches slowly.

He is a shoe stuck in the mud after rain—he is molasses. Madame Gumel's fingers tremble, willing him to work faster. She explains Eldet's fever, breathing, rash, and the long walk to get to him. The doctor leans over the motionless child and sighs quietly. It would be impossible for a sick child to survive that journey. He places his hand on the boy's chest, waiting for any sign of life. He holds his own breath to better feel any movement. He knows it will not come.

The little chest rises slowly... painfully... barely. But it moves.

The doctor steps away, mouth slightly open as he stares at the exhausted mother before moving a little faster towards the box of medicine in the back of room. Madame Gumel holds Eldet's hand.

My child, darling, you will be ok.

Thank you Jesus.

Li vire Eldet sou bò dwat li. Lè solèy la pi wo li pral santi l pi fatige toujou.

Pitit cheri mwen.

Yon lòt pa, yon lòt kilomèt pou n rive pitit mwen. Chalè solèy la fè l mache pi vit. N an on ti tan n ap rive. L anvi kriye, men li pa ka kriye. Pa gen tan pou sa kounye a. Se pa lafen.

Apre yon pakèt tan, yon pakèt kilomèt, yon pakèt mache, Madan Gumel pase yon chouk bwa, moun k ap lave larivyè, moto k ap monte desann anvan li rive lavil la. Li konn al lakay doktè a deja. Kay la pwòp, li solid. Se on kay beton. Li frape pòt la. L apiye bò pòt la pou l tann yo ouvri pou li. Li kenbe Eldet byen sere nan bra l kòmkwa pou l pa chape nan men li. Doktè a ouvri pòt la ak tout on gode kafe nan men l. Dòmi potko menm fin pase nan figi doktè a. Madan Gumel mete Eldet kouche sou kad nan sal konsiltasyon an. Li lage kò li sou yon chèz sou kote kad la. Doktè a pwoche tou dousman.

Li kou yon soulye ki kole nan labou apre lapli—li se melas. Dwèt Madan Gumel ap tranble. Li bezwen doktè a fè pi vit. Li esplike doktè a konbyen jou Eldet genyen ak lafyèv la, depi ki lè li wè gratèl la sou bra l, jan l touse leswa, ki kantite wout li fè anvan l rive lakay li a. Li pa posib pou on timoun ki malad kon sa fè tout wout sa a epi pou l ap vi toujou. Doktè a mete men sou lestomak Eldet pou l wè si souf li la.

Eldet ap respire malman, men l a p respire.

Doktè a voye je l gade Madan Gumel ki chita sou chèz la ak yon fatig sou figi l. Li vire dèyè al chache medikaman. Madan Gumel kenbe men Eldet.

Pitit cheri mwen, ou pral byen.

Mèsi Jezi.

12

DO THE RIGHT THING

Calos

Calos immediately sees the empty bottles when he walks into the house, children running around them and greeting the curious stranger that has come to visit. His father walks in with a beer bottle in hand, his dark skin mottled darker by burning in the sun, his tall thin frame nurtured primarily by alcohol. His hair is grayer than Calos remembers, and he is trying to grow a beard now, patchy and short. After a stiff greeting, Calos asks this drinking stranger about his birth certificate.

"I need it to take my 6th grade exam." Calos says, self-conscious about his age as he says this, knowing he is almost twice the age of most in the class.

His father laughs and takes another swig before shrugging and saying, "I don't care."

As his father walks out of the room, Calos' heart sinks.

Days. Months. Nothing. Calos would ask over and over, the perpetual question, "Where is my birth certificate?" It consumes his thoughts. He just wants to go to school. He wishes, not for the last time, that his mother was still alive.

Old habits die hard, and the feeling of the belt on Calos' skin feels the same as it did when he was younger. The smell of beer intensifies as his father yells and it brings back memories of fear, tear stained nights, and running away. Calos' voice is deeper now as he cries out, and he asks himself why he doesn't fight back every time the belt lands, but the force of his father seems inescapable, and he is trying to respect his father like the Bible says, like his pastor told him to. Small. Helpless. This is the way

FÈ SA KI BON

Calòs

Calòs toujou konn wè bann boutèy vid yo lè li rantre. Gen timoun k ap kouri monte, kouri desann ap jwe avè yo. Papa li rantre ak yon boutèy byè nan men li. Po papa a te parèt pi nwa toujou paske solèy la te fin boule l. Men wotè li. Men sanble se tafya a ki fè li pi mèg. Youn salye lòt, men malman. Papa l te fin tounen on tafyatè, yon moun li pa rekonèt ditou ankò a. Kan menm, Calòs al mande l pou batistè li.

"M bezwen batistè a pou m al konpoze pou sètifika," Calòs esplike l. Li kanpe devan papa a byen fyè, byen serye pou yon timoun ki gen douzan sèlman.

Papa a ri, li pran yon lòt goje byè ankò epi li reponn, "Ki mele m."

Lè papa a vire do l pou li ale, Calòs santi se kòmsi li pran yon kout pwen nan vant li.

Jou pase. Mwa pase. Anyen pa fèt. Chak jou Calòs mande pou batistè a. "Kote batistè m?" Koze batistè sa a pa janm lage lespri Calòs on may. Li senpman bezwen al lekòl. Li swete manman li te la.

Sètansi, Calòs pa menm santi kout sentiwon yo lè yo tonbe sou li. Li fin abitye avè yo. Depi li tou piti l ap pran baton. Papa ap rele sou li. Li ka pran sant tafya a nan bouch papa a. Sa fè l sonje lè li te konn pè, lè li te konn ap kriye nan nwit lè li nan kabann li, lè li te konn ap panse gen lè fò li sove kite kay la. Calòs pran kriye. L ap mande tèt li pouki sa li pa janm konfwonte papa a lè

the world is.

Many times he hears his father say to his new wife, while both drunk and sober, "I have too many children, I need to sell one of them to a Voodoo priest to make some money." His stepmother never responds.

For two months Calos takes an English class to pass the time. Then he has nothing to do for seven months except clean, wander, and wait.

"Clean my shoes." His father says, throwing his dress shoes at Calos' face, which he catches just in time.

His father leaves the house and Calos cleans the shoes until dirt is just a memory and his fingers buzz with friction and fear. He wonders not for the last time why he doesn't just forge a birth certificate so he won't have to deal with his father anymore. Someone offered before he left, but he turned them down. It would be so easy. Just a little money in the right hands and he wouldn't have to stay here anymore. But his pastor and mentor told him to do the right thing, to go about this the legal way. Calos wants to do the right thing. Maybe his father will change. Maybe he'll help.

His father arrives home with a swagger, picking up his shoes with dirty fingers, inspecting them for any minutiae of error. He rubs the sole, feeling the inside worn fabric, even stretching out the laces. After a heartstopping minute of turning the shoes in his hands, he spits at Calos' feet.

He pushes Calos into another room and closes the door behind him. Calos stands in the corner, trying to get as far away as he can. The only exit lies behind the predator that approaches with a snarl and grin.

His father raises a fist as he approaches Calos, the light silhouettes his tall frame as he swings toward Calos, who flinches and curls into himself, raising his hands—but too late as the

l ap bat li. Papa l te tèlman gen on karaktè k fò. Epitou, li vle montre papa a li respekte l jan labib anseye a, jan pastè a esplike. Se kon sa lavi a ye.

Anpil fwa li konn tande papa a ap di madam li, "M fè twòp pitit. M ap fout bay youn ka ougan pou m ka gen yon ti kòb." Belmè li pa janm di anyen.

Calòs fè de mwa nan yon kou anglè nan katye a. Pou rès sèt mwa lekòl la, li pa gen anyen pou l fè, esepte netwaye, flannen, epi chita tann.

Yon jou, papa a ta pral soti, li di Calòs, "Al netwaye soulye sa yo ban mwen." Papa a voye soulye yo sou li, yo manke pran l nan figi.

Calòs netwaye soulye yo, li fè yo byen klere jiskaske l santi dwèt li fè l mal. Dèfwa l konn mande tèt li pouki sa li pa jis al fè on fo batistè. Lè sa a li p ap gen anyen pou l wè ak papa a ankò. Lide fè fo batistè a, se sa yon moun te sijere l. Men li pa t dakò fè wout sa a. Sa ta ka pi fasil. Jis bay yon moun ki ka fè l jwenn batistè a yon ti lajan, epi li pa ta gen pou l rete nan kay sa a ankò. Epitou, pastè li, konseye li te sijere l pou l pase pa mwayen legal yo. Calòs tou pa t vle fè on move desizyon. Petèt papa l va chanje lide. Petèt l a ede l.

Lè papa a retounen, li enspekte soulye l yo pou l wè si yo byen netwaye, si yo gen on ti kal pousyè sou yo. Malgre soulye yo te byen netwaye, klere kou miwa dèzanj, li fè komsi li te vle krache sou Calòs. Menm kote a li pran Calòs, li pouse l andan kay la. Calòs pè, li kouri al kache nan on kwen kay la. Li pran bay ti gason an kout pwen. Calòs eskive kèk kout pwen, men li pran kèk bon tabòk. Machwè l fè l mal tèlman li pran kalòt. Pandan papa a ap pare l pou l ba l yon lòt kalòt, Calòs koule anba papa a epi li fese papa a atè. Papa a tonbe.

punch lands. Calos feels his bones shudder, now hyper aware as his cheekbone throbs and flashes with pain. Calos' vision grows dark and cloudy—another fist comes toward him, so he ducks down beneath the swinging arm and runs behind his father. Bone meets concrete and his father lets out a resounding howl.

Calos breaks open the door and runs. Out of the room, out of the house, past the scared eyes of his half siblings and into the street.

Later that day Calos sees his father tying red handkerchiefs on his hands and feet. It is the Voodoo symbol of calling upon the gods. Calos sees him dancing and singing in the street, the red cloth blinking and flashing at him like angry eyes. Calos feels those red eyes follow him everywhere he goes, watching from the walls, a flash in the sky, in the crowd at the market. He will never escape.

Menm kote a Calòs ouvri pòt la, li pran kouri. Li kouri kite kay la. Li pase bò kot ti frè l ak ti sè l ki te tou pè yo menm tou. Calòs pran lari.

Nan pita, Calòs wè papa li ak yon mouchwa wouj nan men l. Li rekonèt mouchwa a. Li konnen se lwa papa l t ap rele. Li wè papa ap chante, danse nan lari a. Mouchwa wouj yo te tankou de je wouj k ap swuiv li, k ap veye l tout kote l pase. Sanble li p ap ka janm sove.

13

SEEING RED

Calos

Calos waits, the red handkerchief taunting him every time he looks at his old home. He waits for his father to cool down, be reasonable. He just needs one piece of paper. One little birth certificate. He waits. Waits for an opportunity to approach his father again, but every time he starts, the anger in his father's eyes or the fear in his own heart stops him. A month after leaving his father's house, as Calos sits on his neighbor's porch, his father approaches.

Silence. His father's eyes flit around, trying to find the words. He isn't swaying or stained with fresh spills and in his loss for words he seems the most vulnerable Calos has ever seen him. Suddenly he says, "I'm going to a party with your cousin. Come with me."

Calos, surprised but hopeful, agrees.

The party is at night, and it is an expensive moto ride away. They ride as the sun sets, people stirring steaming pots, shadows growing long and darkness engulfing the world. Electric lights flicker on along the drive. His father pays for the moto, a kind and strange gesture.

When they get off the moto, Calos sees the party. There is a large courtyard with a mapou tree in the center, other men are already lining up in front of the house, some unsure with flashing eyes. They don't seem to be lining up to go anywhere. His father claps him on the back, telling him to stay in line, and goes ahead into the house. Calos looks around.

There are candles in jars wrapped in red handkerchiefs

13

WÈ WOUJ

Calòs

Calòs ap tann. Chak fwa l voye je gade kay kote l te rete a se kòmsi mouchwa wouj yo t ap rele l. L ap tann papa l kalme l, vin pi rezonab. Li jis bezwen ti moso papye a. Batistè li. L ap tann. L ap tann yon lòt opòtinite pou apwoche papa a ankò. Men chak fwa li kwè l pare, laperèz anpare l. Se swa li fè vizyon jan papa l fache osnon li pa gen kè pou l apwoche li. On mwa gen tan pase depi l kite kay papa a. Li te sou galri kay vwazen an, lè papa a parèt sou li.

Silans. Papa li kanpe ap gade san li pa di yon mo. Se premye fwa Calòs wè li kon sa. Finalman papa a di l, "M pral nan on fèt ak kouzen ou. An n al avè m."

Calòs byen sezi, men li dakò ak espwa li a jwenn sa l bezwen an.

Se on fèt aswè e on moto pou rive kot fèt la ye a koute chè. Yo pran wout pandan solèy la kòmanse kouche, lè moun kòmanse fè manje, brase chodyè, lè labrim diswa prèt pou anvayi tout kwen peyi a. Sou wout la gen de twa ti kay ki gen limyè. Papa l peye chofè moto a. Se pa abitid li, men sa fè Calos plezi.

Lè yo desann moto a, Calòs wè fèt la. Gen yon gwo lakou ki gen yon pye mapou nan mitan l. Deja gen yon pakèt bann gason ki kanpe devan kay la. Mesye yo kanpe an liy men yo pa sanble yo gen okenn kote yo prale. Papa li frape do l, li di l kanpe nan liy lan l ap vini, epi li rantre nan kay la. Calòs ap gade ozalantou.

circled around the bottom of the tree. Cow ribcages hang from the tall concrete courtyard walls, protecting but isolating the courtyard. A cow without a head cooks over a fire on a spit. The head appears on a plate from the house. People in colored robes lay it on two sticks and place the sticks on their shoulders, parading it around the courtyard like it is a king.

They put the cow head next to the tree. Drums start. The robed people start dancing. Starting with the far side of the line, a woman in a clean blue robe cuts off chunks of cow with a large knife, putting it on a plate of rice. Another robed person gives the plate to the first man in line.

The third man looks hungrily at the plate of rice and reaches for it before they put the meat on it. Calos can't hear exactly what they say from so far away, but he sees the robed people angrily gesture toward the meat and the man in line. He shakes his head and Calos thinks he can hear him say, "I just want the rice."

The man looks hungry in every way possible, his bones sticking out in odd angles, but the more they gesticulate toward him and the meat, the more scared and quieter he becomes. Finally Calos hears the woman in blue robes say loudly, as if she knows the rest of the line is listening too, "You have to eat the meat, otherwise the spirit that is coming will eat you too." The man's bulging eyes grow wider and he bolts out of line. Calos can hear his quick breaths as he runs past, his loose clothes flapping behind him as he turns out of the gate.

Calos looks after the running man and wonders if he should do the same. But he has no way to get home. His father has the money for the moto ride back. The women in blue robes and the meat is getting closer. Calos is near the end of the line. Near the exit. He hesitates then looks at the cow's head, which seems to be staring at him with its dead, burnt, empty eyes. Voodoo.

Gen yon pakèt balèn limen atè a. Balèn yo nan yon seri ti po ki mare ak mouchwa wouj. Balèn yo antoure pye bwa a. Gen moso pan bèf ki kwoke nan mi lakou a. Gen on bèf antye san tèt k ap boukannen sou on gwo dife bwa. Tèt bèf la nan yon asyèt anndan kay la. Gen on bann moun ak rad tout koulè sou yo k ap monte desann nan lakou a ak tèt bèf la sou zèpòl yo tankou se on wa y ap pote.

Yo mete tèt bèf la anba pye bwa a. Tanbou kòmanse. Moun ki ak rad tout koulè yo kòmanse danse. Youn nan medam yo abiye ak yon rad ble. Li gen yon kouto nan men, l ap separe vyann bèf la mete nan asyèt diri. Yon lòt ap lonje asyèt bay moun yo ki nan liy nan. Li lonje asyèt la bay yon premye mesye ki te kanpe nan tèt liy nan.

Twazyèm moun nan liy lan te tèlman grangou li pa menm tann yo met vyann nan nan manje a. Calòs te on jan lwen li pa tande egzateman sa yo di, men li wè madanm nan ap fè move san. Li wè mesye sekwe tèt li. Calòs kwè li tande li di, "M vle diri sèlman."

Mesye parèt grangou. Li mèg kwè kaw. Mesye a pa di anyen. Men Calòs panse li tande madanm nan di si ou pa pran vyann nan espri a ap manje ou, wi. Je mesye vin men lajè epi li kouri kite liy nan soti.

Calòs ap mande si li ta dwe fè menm bagay ak mesye a. Men ki kote li prale. Se papa l ki gen kòb pou peye moto a pou yo tounen lakay. Medam ak rad ble yo ap pwoche Calòs. Calòs prèske nan fen liy la, li pa twò lwen baryè a. Li gade tèt bèf la atè a. Se kòmsi tèt bèf la t ap gade l tou. Vodou.

Li kwè li konn tande bagay sa yo. Si ou manje vyann nan y ap siyen non ou nan yon papye epi se pou ougan an ou ap ye. Se kon sa yo inisye moun.

He thinks he has heard of this before. If he eats the meat, they will sign his name on a paper and he will belong to the Voodoo priests. This is an induction ceremony.

Calos runs.

Calos soon realizes that no one is following him and slows. His stomach growls, hunger pawing at his every thought. After a quick survey and walk down the street, he finds a vendor selling meat, he doesn't ask what kind. He sits in the shade by their stand, talking with them while he eats. He takes a nap in the cool of the evening and wakes up to the sound of a dog barking in the distance. The moon is high now and he sees his father walking down the street, searching. Calos steals his breath and stands up, calling out to him.

"Where did you go?" His father says, folding his arms.

"I found a space to sleep."

His eyes narrow. "Did you eat the meat at the party?"

Calos only hesitates for half a second. "Yes."

Satisfied, his father nods with a smile and he pays for the moto ride home.

His father doesn't try to hit Calos for four days. He just smiles. A scary knowing smile.

On the fifth day his father comes home in a rage with fists and belt. "I never want to see you again." He yells, storming Calos toward the door.

"Go home." His father says, his nostrils flaring. "Out of my house, out of my house!"

The street seems unnaturally quiet and dark as Calos walks away, ready to go home empty handed. Maybe he can find another way to graduate.

Calòs pete on sèl kous kouri.

Calòs vire gade pa gen pèsonn k ap kouri dèyè li. Li ralanti. Vant li ap bouyi ak grangou. Grangou a mòde l di. Li kontinye mache nan zòn nan jiskaske li jwenn yon machann fritay. Li pa mande ki vyann y ap vann, ki vyann yo p ap vann. Ak ti monnen li te gen nan pòch li, l a achte on ti fritay pou l manje. Li chita anba pye bwa bò kot machann fritay la pou l manje. Lè li fin manje, li apiye tèt li nan pye bwa a epi dòmi pran l. Se chen nan zòn nan ki t ap jape ki leve l. Li te kòmanse pral fè jou. Lè l voye je gade, li wè papa l ap vini. Calòs rele l.

Papa a kwaze bra l, li souke tèt, epi li mande Calòs, "Kote ou te ye?"

"Mwen jwenn on kote pou m dòmi."

"Ou te gen tan manje nan seremoni an?"

Calòs pran on ti moman pou l reponn, epi li di, "O, wi."

Papa a di, "Eben an n ale." Li rele on moto epi yo monte l pou yo al lakay yo.

Kèk jou pase san papa Calos la pa frape l. Papa l 'souri yon souri pè.

Sou senkyèm jou a, bagay yo chanje. Papa l rantre byen move. Yon lòt moman se kout pwen, kout sentiwon. Li pran rele, "M pa vle wè ou isit la ankò." Li pouse Calòs. "Al lakay ou." Papa Calòs move kou on kong. "Soti nan kay mwen, soti nan lavi mwen."

Lari a blanch epi li fè nwa lè Calòs kite kay la ak de men l, de pye l. Petèt la jwenn yon lòt mwayen pou l pran diplòm sètifika l.

14

MOTHERHOOD

Elose

First.

Neighbors smile and rub her stomach, giving advice, tea, and prayers. She carries her swelling stomach with every step, her baby growing heavier each day.

Her baby kicks for the first time as she walks to church. She stops on the hill, wavering. Her hand reaches down, feeling for a heartbeat, for life. Her previous eighteen years feel like a yawning empty void, waiting for this moment. Imagining, wondering, hoping for what might someday be. Her hand trembles.

Weeks pass, then suddenly, pain and pressure. Pushing; too soon he comes without breath. The room is all stillness, a pause between breaths, no one moves. The neighbors and midwife don't breathe.

She shivers and draws in closer to herself, closing her eyes, holding onto the pain and the loss.

Second.

Here is another chance at life, at birth, at motherhood.

"It happens to all," her neighbors say. "Don't think of the past."

She tells herself it will be different this time, too soon after the fresh pain of before. Anticipation turns to fear as it grows harder to walk and bend and work.

Finally, screaming lungs with squirming hands that she can hold close. She presses the tiny warm palm that is all her own to her cheek, wetting it with sweat and tears.

MATÈNITE

Elose

Premye.

Vwazen yo ak vwazin yo kontan. Yo pase men sou vant li, yo ba li konsèy, yo ofri l te, epi yo priye.

Li toujou soutni vant lan lè l ap mache. Tank li gen plis mwa, tank vant lan vin pi lou.

Premye fwa li santi ti bebe a nan vant li, li te nan wout pral legliz. Li fè on ti kanpe pou l pran souf li. Li manyen vant li kote l santi mouvman bebe a. Dizuit ane k pase yo pa sanble ak anyen pou kounyeya. Nan panse, kalkile ak swete sa k ka rive yon jou, men l pran tranble.

Apre plizyè semènn, li kòmanse gen doulè, li kòmanse santi presyon pitit la plis. Nan pouse pouse gen on kote li santi li san souf. Pa gen on ti bri nan chanm lan. Tout moun rete an plas, yo pa deplase kote yo kanpe a. Menm respire vwazen yo, vwazin yo ak matwonn lan pa respire.

Li pran tranble. Li akokiye. Li fèmen je l pou l sipòte doulè a, sipòte pèt la.

Dezyèm.

Men on lòt chans pou l fè on pitit, pou li vin yon manman.

"Sa rive lòt moun deja. Pa chita ap reflechi sou sa k pase," Vwazen yo ak vwazin yo di. Li panse sa p ap menm jan fwa sa a. Li twò bonè, doulè a poko menm pase. L ap tann, e tank li tann, tank lapè kòmanse anvayi

They enjoy two years of joy, laughter, sticky fingers, scraped knees, and happiness. Two years of words and names and toddling around the house and the countryside.

Fever brings cries and sleepless nights. Then silence.

Her baby. Stillness with the morning, the previously fevered body now cold and stiff, mouth slightly open as if waiting to breathe in at any moment.

Third.

She knows she is pregnant again and fear mingles with her prayers. She tries again to feel hope and love for what might someday be. She pushes forward and onward day by day.

Her neighbors bring food, kind words, and wondering eyes.

Monette, her beautiful child. She comes screaming and begging for life, which she takes by the hand. Monette's strong fingers pull her back down to earth.

She sees Monette's childhood innocence grow to curious complexity. Monette's dreams become her dreams. It took years to believe that life from her womb is truly possible.

Fourth.

One child out of three. The midwife doesn't like her chances and prepares her for the worst. She smiles as she can hear Monette still laughing in the yard, toddling around on strong legs chasing a terrified chicken. Her beautiful daughter gives her hope that death is not all that awaits this child. She rubs her belly and prays. Tanpri Jezi. Please.

He comes like a storm, her son, her Renous. His smile is beautiful, gummy and wide.

He is ready to take on the world.

Fifth.

li. Sètansi li difisil pou l mache, difisil pou l bese, difisil pou l travay.

Finalman, li pran ti men an, l pase nan figi l ki mouye ak swè, ki mouye ak dlo k ap sot nan je l.

Yo pase de lane nan kè kontan, de lane ap ri, de lane ak lajwa. De lane ap aprann di grenn mo, aprann non, ap grandi nan kay la, grandi nan bouk la.

Lafyèv mennen kriye ak nuit san somèy. Epi silans.

Ti bebe li a rèd lè solèy leve. Lafyèv la ale, li ale avè l, li kite l rèd, li kite frèt kwè glas ak bouch li tou louvri kòmsi li anvi respire.

Twazyèm.

Li konnen li ansent, men yon lòt fwa ankò andan kè li se laperèz melanje ak lapriyè. L ap fè jefò ankò pou l kenbe espwa ak lanmou nan kè l pou sa ki kapab rive yon jou. Chak jou se on nouvo jou.

Vwazin yo pote manje ak mo pou ankouraje l. Genyen ki vin gade.

Bèl ti pitit l Monette ap ri, li anvi viv. Ak men Monette nan kou l, l ap sonje kouman toulòtjou la a, Monette te tou piti, ki jan l grandi vit. Li swete tout rèv li pa reyalize pou Monette reyalize yo. Gen anpil lane ki pase anvan li te rive kwè li ta vin on manman.

Katriyèm.

Yon pitit sou twa pitit. Matwònn nan pa sèten. Alòs li blije kòmanse pare mamzèl sizoka.

Li souri lè l tande Monette ap kouri nan lakou a, ap ri, ap rele chi dèyè poul yo. Monette, bèl ti pitit fi li a. Monette ba li espwa pou sa ki nan vant li a. Li pase men sou vant li, li priye. Tanpri Jezi. Tanpri.

Li vini kou on tanpèt, ti gason an, Renous li a. Li

A neighbor boils leaves as she sits, silently sweating in the Haitian sun. The hospital is too far to walk with a swollen belly.

"Drink this tea," Her neighbor Marie says while handing her a cup, "It's better than pills, those little things of nothing from the white men. They don't know how to live out here."

It is too much to bear. She screams. Her child does not.

Another burial for one who never drew breath.

Sixth.

Crying out in prayer. Crying to the sky. She begs for life. Nine months is too long to bond to a lost and forlorn soul. She knows it is a boy, don't ask how. He kicks with such strength. Feel his turning, his heartbeat, his will to live.

She drinks more leaves. Bare hands on her stomach, she yearns and screams for life.

Grasnet drinks in the morning air and it spills out with the most beautiful scream she has ever heard. She leans back, sweat and tears mix as she holds her baby, still of her but now his own being.

Seventh.

She carries his shivering body to the hospital with Renous walking beside her. Four hours through the mountains for help they will not find. He's just too sick. Medicine just won't stay down.

For two months he continues to cough, shake, vomit. She brings him presents, rubs his back as he falls asleep, cleans him up.

No more. Please God, not again. Mothers should not outlive their children. Let this one live. Jean Pierre is so beautiful and curious and he's lived for so long. Four years of happiness with him on this beautiful earth. Let this fever pass. Surely he is safe. Surely You will protect him.

Another morning she wakes on the floor beside him. He

gen on bèl souri. Li vin tou pare pou monn lan.

Senkyèm.

Yon vwazin chita anba solèy cho peyi d Ayiti a ap bouyi te. Li p ap pale. Lopital la twò lwen pou on fanm ki nan dènye mwa gwosès li mache ale jis la.

Marie, vwazin nan lonje on gode ba li, "Bwè te sa a. Li pi bon pase tout grenn moun blan sa yo ap bay yo. Yo pa konprann kouman nou viv bò isit."

Li pa kapab kenbe ankò. Li rele. Pitit li pa rele. Yon lòt antèman pou yon lòt bebe ki pa viv.

Sizyèm.

Li kriye, li priye. Li mande syèl la pouki. Li mande pou lavi. Nèf mwa nan vant twò long pou tann pou pèdi on pitit. Li konnen se on ti gason. Li santi se on ti gason fwa sa a. Li santi sa lè pitit la ap vire nan vant li. Li santi pitit la anvi viv.

Li kontinye bwè te, pase men sou vant li, ap mande pou lavi.

Grasnet ap respire lè fre granm timaten an. L ap kriye, men se pi bèl kriye pou li. Swè ak dlo nan je l mele ak ti bebe a sou li. Se nan vant pa li bebe a soti.

Setyèm.

Ak Renous sou kote li, l ap mennen ti bebe a lopital. Ti bebe a gen yon lafyèv frison. Yo fè katrè d tan nan wout, monte mònn desann mònn pou al chache yon èd yo p ap jwenn. Li tèlman malad. Tout remèd yo ba li, li vomi yo.

Li gen de mwa ap touse, ap tranble, ap vomi. Li pote ti kado pou li, li pase men nan do l pou fè l dòmi, li benyen l, pwòpte l.

does not.

Eighth.

Tired of loss. Tired of heartbreak. Last one, she vows. Jean was too much. God gave her a new baby she must carry. Don't grow attached. It can all disappear so quickly, she knows.

After hours of pain, the room now seems so peaceful. Time slows as she looks into his bleary and tired eyes, and she can't help but tremble. His skin is so soft, so new to the world, to her life. Vigè, her child. His eyes close and his mouth puckers in a little sigh, and she listens to his breath. With fear. Uncertainty. But also hope.

Tanpri Bondye, epaye m fwa sa a. Manman pa gen dwa viv pi lontan pase pitit yo. Bay sa a lavi. Jean Pierre tèlman bèl, tèlman entelijan. Epi li gen kèk tan depi l ap viv. Katran kè kontan sou latè. Fè lafyèv la pase. Tanpri proteje l.

Yon maten li reveye atè a bò kote li. Men pitit la pa reveye.

❊

Uityèm.

Li bouke pèdi. Li bouke pèdi pitit. Li sèmante se dènye a. Se twòp atò. Bondye ba li yon dènye timoun. Pa fin twò abitye avè l, non. Tout bagay ka disparèt nan yon ti moman, anvan ou bat je ou. Li konn sa.

Apre tout tan sa a ak doulè, kounye a chanm kay la kalm. Li pèdi nèt nan gade ti zye li. San li tresayi. Si ou wè ti figi li. Li ba li non Vigè. Si ou wè ti zye li, ti bouch li. L ap gade li ki ap respire tou dousman. Li pè. Li pa sèten. Men li gen espwa tou.

15

MOM

Renous

Renous wakes curled under the blanket on his mat, the chilled pre-dawn air settling on his cheek. He hears his mom shuffling and filling a basket with cassava—a special bread. The sun is not yet awake, but his eyes crack open; her body is a shadow that floats in between the darkness and the morning. She moves slowly, quietly, as if she herself isn't fully awake and is drifts between worlds. She places the cassava together in a basket before her journey to Jeremie begins.

As he watches, Renous imagines what her day will be like. He knows that she walks down into the valley and up the other side to get to town, but he wonders what she thinks about—how she passes the time. Hours alone, with just her, her cassava, the sweltering heat, the trees, vines, and bugs.

He imagines that with her cassava balanced in a basket on her head, she will sing her favorite songs. Church songs, radio songs, songs her manman sang to her. Or maybe hum, since the uneven road and steep paths take her breath away. She will think about him, Renous, her little boy. He hopes she will take care to choose which little present she will bring him. Maybe a rock from the beach, or a special fruit, or maybe even a little toy car.

She will probably think about Jean. Manman said that Jean is with Jesus now. Renous knows his mom has walked a lot in her life, many trips back and forth, to sell and buy food, to visit doctors. She is strong. She walks and walks every week, the same trip, the same market. Selling what she can. When she has sold all the cassava in Jeremie, she will use that money to buy goods

15

MANMAN

Renous

Renous reveye tou akwokiye anba dra a. Machwè l frèt akòz lè frèt granmtimaten an. Li tande manman li k ap monte desann, prepare panye kasav la. Solèy la poko leve toujou men li ka wè silwèt manman an nan fènwa lanjelis la. Li deplase dousman kòmsi li ant somèy e revèy, kòmsi li menm tou li poko fin reveye. Li pake tout kasav yo nan yon panye pou li al Jeremi.

Renous ka imajine jan jounen manman l pral pase. Li konnen manman li gen anpil wout pou l fè anvan li rive lavil la, monte mòn, desann mòn, vire isit, vire lòt bò. Li mande tèt li, lè manman m sou wout la, ak panye kasav la sou tèt li, anba chalè solèy cho a, ki sa ki do konn pase nan tèt li. Yon wout ki pran dèzè apye.

Petèt li chante chante li renmen, ak tout panye kasav la sou tèt li, pou l sa fè tan an pase. Chante legliz, chante l konn tande nan radyo, chante manman l te konn chante pou li lè li te piti. Petèt se fredone li fredone pou l ka fè atansyon nan wout la ki gen twòp monte, twòp desann, twòp pant ladan li. Fò m lide m pase nan tèt li nan moman sa yo tou. Mwen Renous, pitit gason li. M swete li pote tou sa m renmen pou mwen sot nan mache jodi a. Petèt yon ti koki li jwenn bò lanmè a, oubyen yon fwi espesyal, ou menm yon ti machin jwèt, petèt.

Renous konnen manman l mache anpil nan lavi l. Li fè anpil vwayaj alevini, al achte manje, al vann manje,

people can't easily buy in Abriko and carry them back to sell at home.

That night she walks through the door with heavy steps. He runs up expectantly, but she shakes her head. No present today. People must have bargained with her and she didn't make as much as she anticipated. She sits down, plopping the basket full of things to sell beside her. Renous walks over to her and hugs her.

She smiles, because to him she can still do anything.

al kay doktè. Li se on fanm vanyan. Chak semèn li deyò, l ap mache, mache, fè menm wout la pou al nan menm mache a. Vann sa li kapab. Lè li fin vann tout kasav yo Jeremi, l ap pran lajan an pou l achte machandiz li konnen moun nan Abriko pa ka jwenn fasil. L ap tounen ak machandiz sa yo pou l vann.

Jou swa sa a, ou santi li pa t prese pou l rantre. Renous kouri al rankontre manman li nan pa pòt la. Manman l sekwe tèt li. Pa gen ti kado, pa gen ti kichoy espesyal j odi a. Lavant pa t bon ditou jodi a. Manman li lage kò l sou chèz la blop. Li lage panye machandiz la atè bò kote l la. Renous al jwenn li kote li chita a pou l pase men nan kou li.

Manman li ri. Renous konnen pa gen anyen manman l pa kapab fè.

PART 2: MEMORIES

PART 2: MEMWA

16

FIRST DAY

Monette

Monette crosses the river with careful steps, slippery stones shifting beneath her sandals. The red mud of the steep mountain cakes the soles of her shoes and gets thicker as she walks up to the Te Wouj school. She can feel her heart beating against her ribs with excitement. Fear. The sun is starting to dry the mud around her, rays finding their way through the jungle growth of green fronds and branches.

Children run past her up the steep incline, and she crests the top of the mountainous path to find the school laid out before her. Four buildings make up the whole school—she has the smallest and closest one. Monette takes a deep breath as she takes off her shoes on the concrete porch, still covered in mud, and walks barefoot into the classroom. The empty benches wait amidst the concrete walls, cool from the hours of evening chill.

They arrive. Big eyes staring at her. Her class is meant for children no younger than five years old, yet younger ones still somehow find a way into her classroom. She sees that a couple are still toddlers. Gathering all eighteen squirming students together, she introduces herself and starts the nonstop day.

Who are you? Describe your family.

We come to school because-school is-what's your name?

Quiet down! Let's sing together.

Mariella, don't pee on the floor!

Do you know how to pray?

Where did he go?

Here is a game we can play.

16

PREMYE JOU LEKÒL LA

Monette

Monette ap pran prekosyon pou l travèse larivyè a, paske sandal li vle glise sou wòch yo. Labou nan mòn nan fè yon gòm anba semèl sandal li; plis l ap monte, plis labou a pwès pou l rive nan lekòl Tè Wouj la. Li santi kè l ap bat byen fò nan lestomak li, si tèlman li kontan. Li pa konnen ak kisa l pral jwenn. Solèy la koumanse seche labou a. Solèy la koumanse gaye. Limyè solèy gaye nan tou fèy pye bwa yo.

Pandan Monette ap monte mòn nan, gen lòt timoun k ap kouri pase devan l. Monette kontinye redi monte sou yon ti bit, kote li ka wè lekòl la ki blayi nan plenn nan anba a. L ap gade kat gwo kay, pi piti a, se lekòl pa l la, e se li menm ki pi pre. Monette rale yon bon souf, epi li retire soulye l ki chaje ak labou, anvan li rantre. Li kite yo devan an, sou galri a. Malgre gen yon ti labou nan pye l, li rantre pye atè nan klas la. Ban yo la, ap tann tout timoun yo, klas la fre, apre lawouze maten an.

Tout timoun rantre. Je yo kale men gwosè sou li. Klas sa a se pou timoun ki gen gen senk lane ou piti, men genyen ki gen mwens k ap chèche plas yo nan klas la. Monette remake de timoun ki do gen apeprè de lane. Li rasanble tout dizwuit timoun yo, li di yo kouman li rele, epi li kòmanse jou a.

Ki moun ou ye? Pale m de fanmi ou.

Poukisa ou vle vin lekòl la? Kouman w rele?

What is your name?

Recess. Breathe.

When Monette comes in the door, MacKenzie will hold onto Monette's shirt and dance with her, saying, "You're beautiful." He is a beautiful child with a wide smile and curious eyes. He loves to dance, hopping and spinning by himself to music only he can hear.

"Why are you sad?" Monette asks Jean.

"I haven't eaten since yesterday." He looks up at her with begging eyes. "I can't wait until we eat in school again."

Ouldey lifts his little pointer finger in the air to answer another question.

"Bravo, bravo!" Monette says, and his eyes crinkle in a smile.

Josue stares out the window. Watching clouds or birds or people walking by, Monette does not know. Josue watches bugs crawl on the floor. He brushes dirt together and creates mountains and valleys while Monette teaches.

Dieuve didn't speak at first. He was so quiet he wouldn't even say his own name. Now he speaks. Monette is proud of how smart he is.

Marilene wanders in again, still too young. She lives in the house next to the school and has no where else she wants to go. People love and feed her here. Monette smiles when she sees Mariella's chubby cheeks as she passes through throughout the day, but is glad she doesn't have toddlers in her class anymore.

After lunch and recess, food in their bellies, her students

Pe la, pe la. An nou chante, tout moun ansanm.
Mariella, pa pipi atè a.
Èske nou konnen kouman pou nou lapriyè?
Kote ti gason sa a ale?
Men yon jwèt nou ka jwe ansanm.
Ki jan w rele ?
Li lè pou rekreyasyon. Respire.

Depi Monette pwoche bò pòt la, Mackenzie gen pou kenbe ke wòb li, epi pou l pran danse avèk li, "Ala bèl ou bèl Madmwazèl Monette." Mackenzie tou se yon bèl ti gason, ak yon bèl souri. Li gen bèl zye. Se danse, ponpe, vire pou kont li depi li pran sant mizik.

"Pou ki sa ou tris kon sa Jean?"
"Depi yè mwen pa manje."
Se kòm si zye Jean t ap sipliye Monette. Epi li di Monette, "Mwen pa kapab tann jis lè m rive lekòl la pou m manje."

Ouldey leve men li anlè, li vle reponn yon lòt kesyon.
Monette di l, "Bravo, bravo!" Zye l ap briye ak lakontantman.

Jozye fikse nan fenèt la. Gade nyaj oswa zwazo oswa moun k ap mache bò kote, Monette pa konnen. Jozye gade pinèz rale sou planche a. Li bwose pousyè tè ansanm epi kreye mòn ak fon pandan Monette anseye.

Okòmansman, Dieuve pa t vle pale. Li te tèlman timid menm non li li pa t ka bay. Kounye a li alèz pou l pale. Monette fyè de li anpil.

are happier. Louder. They can sing and laugh again.

As she cleans up the classroom, now quiet and still in the waning afternoon, she remembers the day she got the job. She had been walking down a hill into downtown Jérémie when Marc Donald and Krista stopped their moto to tell her. She had burst through the door at home with a smile so big it felt like it would break her face as she announced it to the room. All of her brothers' hugs felt crushing and wonderful. They were a family of smiles. Her hard work, her years of schooling, had paid off.

Marilène ap flannen toujou; li twò piti pou klas la. Li rete nan kay ki sou kote lekòl la, li pa gen lòt kote pou l ale. Tout moun isit la ba l manje. Monette souri lè li wè jan machwè Marilène pi won sèjousi. Marilène pran flannen nan klas la. Men Monette byen kontan li pa gen timoun piti sa yo nan klas li ankò.

Apre yo fin bay kantin, apre yo fin bay rekreyasyon, vant tout timoun plen. Yo kontan. Yo vin pale pi fò. Kounyeya yo ka chante ankò, yo ka ri ankò.

Jounen lekòl la fini. Tout timoun yo ale. Monette ap netwaye klas la, l ap sonje jou l te jwenn travay la. Li t ap desann Jeremi, lè McDonal ak Krista rete moto yo a pou pale l de djòb la. Li te kouri lakay li tankou yon kout van; kè l te tèlman kontan lè l t ap bay moun nouvèl la, souri sou vizaj li te ka chire figi l. Li te santi l byen, lè frè l yo te kouri vin anbrase l lè yo tande bon nouvèl sa a. Tout fanmi li te kontan, tout moun t ap souri. Tout tan li te pase lekòl la pa t pou granmesi.

17

RAINING INSIDE

Pepe

The cold ground far below, snoring safe in the rafters, the wood creaks and bends beneath the weight of the family sleeping together for warmth. Every night they sleep in what is similar to an attic, but instead of a floor there is a smattering of planks of wood with gaps to see the house below. Pepe is small enough to stand up on the rafters, but everyone else has to duck and crouch so their heads don't hit the fragile rooftop of tarp and branches. The countryside nights bring frosty breath and stillness, and it is much warmer to sleep above the chilled earth.

Pepe is the last one awake. Everyone is settled and sleeping above him. The rafters groan with the weight of his family. The black of the night engulfs the house except for the stark shine of the half moon rising from behind a cloud, winking at him. Pepe watches the moon through a window frame as he chews on a piece of bread. He is alone. His stomach growls and he wonders if they would notice if he ate more. He wonders when they'll go back home to the city, where there are more people, better food, and things to do.

A rafter creaks above him, and he looks up to see his grandmother walking, her hunched figure blinking through the rafter slats. He looks out the window again, lost in thought. The sound of water bouncing in an empty bucket rattles Pepe back to earth. He looks up. Not water. Urine. He crinkles his nose and begins to step away from the disturbing sound. Before he can take a step, he hears his grandma exclaim as the bucket crashes down and urine spills through the rafters.

17

LAPLI ANNDAN AN

Pepe

Atè a frèt twòp leswa. Yo pito dòmi nan galta a. Se vre moso planch ki fè galta a fin pouri. Lè ou kanpe anwo nan galta a ou ka wè rès kay la k ap gade ou anba a nan fant planch yo. Pepe ka pase alèz san li pa bese tèt li, men granmoun yo fòk yo bese pou tèt yo pa frape. Li fè frèt toutbon leswa. Galta a fè pi cho.

Tout moun fin monte galta a pou yo al dòmi. Je Pepe klè toujou. Li fè nwa nèt eksepte pou limyè lalin nan. Nan yon fant nan fenèt la, Pepe ap gade lalin nan. L ap manje on moso pen. Li chita poukont li anba a. Vant li ap bouyi ak yon grangou. Poudi y a wè li te pran nan pen yo. L ap mande tèt li ki lè y ap tounen lakay yo lavil kote ki gen plis moun, pi bon manje ak plis aktivite.

Li tande planch yo ap fè bri sou tèt li, lè gade li wè se granmè l k ap desann sot nan galta a. Li kontinye ap gade lalin nan k ap balise sou tèt mòn nan nan fant fenèt la. Li te lwen, li te pèdi nan lalin nan, lè li santi yon dlo tonbe sou li. Anvan li konprann sa k ap pase a, li tande granmè l lage on sèl rèl. Granmoun nan chavire ak tout yon bokit pise sou Pepe.

Pepe benyen ak pipi.

Pepe rele, li kouri leve. Li mouye antranp ak pise. Tèt li, rad li. Li mouye ak pise delatèt opye. Li sezi. Li pete kriye. Li soti nan lakou a nan tout fènwa pou l jwen yon kivèt dlo pou l benyen. Sèl limyè lalin ki t ap klere.

Li resi jwenn kivèt dlo. Li vide dlo sou kò l, li

Directly onto Pepe.

Pepe yells out—jumping and waving his arms at the sticky warm feeling of grandma's urine covering his clothes and skin, dripping down his arms and chest. He must wash. He runs outside, still groaning, shaking, crying as he tries to find a bucket of water in the waning moonlight, thick tall shadows of trees obscuring the path before him.

The bucket is there, against the wall of the house, ripples shimmering and growing as he stomps toward it. Pepe strips his clothes and lifts the bucket above his head, showering himself in the cold standing water. Goosebumps spring up as the freezing water runs over his skin. He rubs his ten year old hands over his bare chest, scrubbing his skin with his palms as if trying to dig and peel his skin back in order to clean deeper than he ever had before. When his skin feels raw and all he can feel is the echo of the cold water chilling his thin naked body, he stops.

The moonlight is disappearing behind a giant cloud. Pepe shivers, picking up his now soaked clothes from the cold ground, and walks back inside the house to join his family in the rafters.

foubi, li foubi. Li vide dlo sou tèt li. Dlo a te tèlman frèt sou kò li, li ba li chèdepoul. Li fwote men dis ane fin vye granmoun l 'sou pwatrin fè l' yo, épuration po l 'ak pla men l' tankou si ap eseye fouye ak kale po l 'tounen yo nan lòd yo netwaye pi fon pase sa li te janm anvan.

Lalin nan te gen tan pase dèyè yon gwo nyaj, lè li resi fin benyen. Li ranmase rad mouye yo atè a, epi li rantre, li monte nan galta pou l al dòmi.

18

MOTO

Pitou

Pitou's moto buzzes and spurts up the hill. Dirt flies, women balancing baskets of fruit on their heads walk down, children who should be in school laugh and run across the street.

There is a crowd up ahead. A broken down truck is blocking the narrow road, creating one tiny passage for people and motos to pass through single file. People are coming toward him; there is no room for him. As Pitou is stopping, the side mirror on his moto hits a passing man. The man's arm is pushed back, and he stops. His shirt is tight and Pitou can see his muscles bulge. The man has short buzzed hair and dark eyes that narrow as he stares at Pitou.

"I'm sorry sir, it was an accident-" but before he can finish, the man grabs Pitou's shirt, yanking him off his moto with an angry yell.

The moto falls over and Pitou sprawls into the dirt, a dust cloud puffing up around him as he lies frozen in shock. Pedestrians part around them like the Red Sea. Pitou covers his head with his hands as he sees the man approaching with swinging fists. Pitou can hear the man swearing under his breath. Still on the defensive, Pitou stands slowly, trying to avoid a direct hit. A punch lands on his left ear. The world buzzes and feels lopsided as the side of his head throbs. The man continues as Pitou cries out. Pitou looks up to see that his dark brown eyes are filled with hate.

Pitou lands a punch to the man's stomach. They fight. Thirty seconds. Thirty minutes. Pitou doesn't know.

MOTO

Pitou

Motosiklèt Pitou a ap rale monte mòn nan. Pousyè anvayi machann yo k ap desann ak panye fwi yo sou tèt yo. Timoun ki ta dwe lekòl ap kouri pasi pala, griyen dan yo nan lari. Gen yon foul moun pi devan an. Gen yon kamyon ki an pán ki bloke yon wout ki deja tou etwat. Sa anpeche moun ak moto pase. Yo oblije fè yon sèl liy. Moun yo ap monte sou Pitou, pa gen wout pou l pase. Pandan Pitou fè yon ti kanpe, retrovizè moto a sanble frape yon mesye k ap pase. Mesye a kanpe, li kwaze bra l. Lestomak li byen bonbe anba chemiz li, li kanpe epi l ap twaze Pitou.

Pitou di l, "Eskize m, se yon aksidan. M pa t fè espre." Pitou pa ko fèmen bouch li, msye a atrap li nan kòlèt chemiz li, fè l desann moto a. Epi li kòmanse rele byen fò sou Pitou.

Moto a tonbe. Pitou glise tonbe atè a. L al blayi nan pousyè a. Moun ki t ap pase vin rasanble, antoure l tankou Lamè Wouj. Lè Pitou wè msye ap vin sou li ak pwen li byen mare sou li. Pou msye pa frape figi l, Pitou bare figi l. Men li tande jan l ap joure. Msye a sou brenzeng li. Tou dousman, Pitou eseye leve atè a pou msye pa gen tan pran l. Se kon sa, sanzatann, Pitou pran yon kou bò zorèy gòch li. Pitou santi tè a ap vire avè l. Kout pwen an fè tèt li pati yon bò, epi tèt la pran fè l mal. Msye kontinye frape Pitou, malgre Pitou ap rele. Pitou gade msye, li wè zye l chaje ak kòlè ak rayisman. Pitou

After another blow to the head, Pitou stumbles back into the dirt and the man lurches toward Pitou's fallen moto and fumbles with the ignition. As Pitou stands up and starts toward his moto, the man runs away. Pitou watches the man run away as Pitou approaches his fallen moto, lifting it up and sitting on the seat.

No key. Damn.

The moto isn't even really his, he had borrowed it. He would never be able to replace it. Pitou leans down, people glancing curiously as they pass before continuing on their way. He fiddles with the wires, exposing and twisting some until he sits up straight, triumphant. His years of growing up on Haitian streets have taught him a thing or two about hot wiring engines. He teases some wires together with flicks and sparks, and the moto springs to life with a low purr.

He looks up as he is about to hit the gas, only to see a police officer running toward him. Pitou blinks. He recognizes that it's the same man, but this time he is wearing a police uniform.

Shit. He feels his heart clench and quiver. He had just hit a police officer. Pitou disconnects the wires and turns off the moto as the officer approaches.

"I'm taking your keys." The man says, waving Pitou's moto keys in front of his face. "You'll pay for this."

Pitou doesn't say anything. The man spits on the ground and walks away toward the police station. When the man is far enough away, Pitou starts the moto again and drives to Haiti Bible Mission with shaking hands—residual adrenaline from the fight, fear of what it means to have a police officer who is out to get him.

The next day, Pastor Mark comes with Pitou to the police station to calmly talk. They wait for an hour. Pitou can hardly stand it. An hour of jiggling legs and sweaty palms.

pran fòs, li fout msye yon sèl pataswèl.

Yo goumen pandan trant segonn, trant minit konsa. Pitou pa fouti sonje. Apre li fin pran yon lòt kou nan tèt, Pitou tonbe atè, epi msye fonse sou moto a ki tonbe tou ansanm avè yo. Pandan Pitou ap leve kanpe, pou l al eseye fè moto a pati, msye leve kouri. Pitou ap gade l ki pran kouri pou l jete l. Lè Pitou retounen nan moto a, li soulve l atè, epi li chita sou li. L al eseye fè moto a derape, epi lè li pase men.

Kote kle a? Modi.

Moto a pa menm li posede, li prete li. Li p ap janm gen mwayen pou l ranplase l bay mèt li. Pitou ap reflechi, l ap gade tout moun k ap pase, li vin sispèk tout moun. Li tounen jwe nan fil elektrik ki nan motè a, rale de ou twa nan yo, vire yo; epi li chita byen dwat sou moto, san pwoblèm. Ti tan l fè nan lari lavil la kòm chofè moto, ede l pou li konn ki jan pou li demare motè moto a san kle.

Apèn li pral akselere, se lè sa li wè yon polisye k ap vin sou li. Pitou reflechi trapde. Li gen tan remake se menm mesye ki sot batay avèk li a. Men fwa sa a, li gen yon inifòm polisye sou li.

Mèd. Pitou santi kè l ap bat. Se yon polisye li te frape atè a. Menm kote a, Pitou etenn moto a, epi dekonekte tout fil ki nan motè a. Moto a kanpe, pandan polisye a ap vanse sou li.

Polisye a di l, "Mwen pran kle moto w la." Epi, li vire kle a devan figi Pitou. Li di Pitou: "W ap peye m sa."

Pitou pa di anyen. Polisye a gade l, li krache atè, epi li pran wout pou l retounen nan komisarya a. Lè Pitou wè polisye a lwen ase, li demare moto a, epi l ale nan Haiti Bible Mission. Men li ap tranble, ti rès fòs ki te rete l apre l fin goumen ak polisye a jwenn ak lakrentiv, lè li vin konprann se ak yon chèf li te annafè.

Hours of talking, raised voices, and contradicting stories. In the end no one is happy. Pitou gets back his keys and the police officer gives him a dirty look.

Back at the mission, as Pitou tinkers with the wires of the moto, a friend pats him on the back. “Don't fight with anyone anymore, because they'll put you in prison next time.”

⁂

Nan demen, Pastè Mark akonpaye Pitou nan komisarya polis la, pou al diskite kesyon an ak kè kalm. Yo tann pandan inèdtan. Pitou pa t ka kenbe ankò. Li pase tout tan ap balanse pye li, ap swe. Diskisyon fèt pandan yon bon bout tan, nan pale anpil, pale fò; youn ap demanti lòt. Alafen, pèsonn pa gen rezon. Polisye a koupe Pitou yon kout je epi li remèt li kle moto a.

Lè Pitou tounen nan Mission an, pandan l ap repare tout fil ak kab ki nan moto, gen yon zanmi ki bat do l, epi li di l, "Pa al goumen ak moun ankò, paske pwochèn fwa, y ap mete w nan prizon."

19

SUGAR CANE

Patrick

How to eat sugar cane—*kann.*

First, you must find a garden that grows sugar cane, whether it is yours or not is as important as you let it be. There are many plants. They will not miss one. Or two. People don't even stop or care when you start cutting them down. Forests of kann line roads, gardens, and patches scatter in the jungle green. Or if you have some money to spare, find stalks sold from a wheelbarrow down the street.

Second, you must cut it down with a machete, the taller the kann the better, and most will be taller than you. Brown, green, and purple stalks that tower and flower, a sweet harvest protected by sharp leaves ready to cut clothes and flesh. When the leaves start falling off the stalk it is ready for your machete to chop and rip the stalk free of its roots and connection to the earth.

Feel the spray of moisture from the kann on your skin as you chop, the life of the kann leaking onto the ground and dripping over your fingers.

Third, you will peel the kann with your machete or your teeth, depending on which is cleaner. This is also a good way to lose your baby teeth. You peel it because one does not want to break their big teeth on the bark, even with the added sweet aftertaste of sugar.

KANN

Patrick

Ki jan pou w manje yon bout kann?

Premyèman, bat pou w jwenn yon jaden kann, kit li pou wou kit li pa pou wou, se pa yon pwoblèm. Tèlman gen flèch kann, yo p ap wè si genyen yonn ou de ki manke. Moun pa vreman siveye chan kann. Chan kann gaye tout bò wout yo, chaje jaden kann toupatou nan plenn yo. Oubyen, si w gen kòb, wè si w ka jwenn yon machann kann bò lari a ki gen yon bouwèt li chaje ak kann.

Dezyèmman, fòk ou koupe kann nan ak yon manchèt. Plis kann nan pi wo, plis li bon. Genyen pye kann k ap pi wo pase w. Flèch kann yo fleri epi grandi nan mitan yon seri de fèy ki file, ki kapab menm blese; yo tout koulè: mawon, vèt ak mòv. Ji kann dous. Lè fèy yo komanse ap tonbe, se lè sa a, flèch yo pare pou w rekolte yo. Lè sa a, manchèt ka koupe yo alèz, ou ka rache yo nan tè a, epi fèy yo detache fasil. Pandan w ap koupe kann yo, ou ka santi ji kann yo k ap jayi soti nan yo vin wouze figi w, epi k ap degoute nan men w, koule atè a.

Twazyèmman, fòk ou kale kann nan ak yon manchèt osnon ak dan w. Veye zo ou. Moun konn pèdi grenn dan yo nan kale kann ak dan yo. Se youn nan

❊

Fourth, enjoy by biting off chunks and sucking the sugar juice, then spitting out the now dry kann plant onto the ground. Savor the sweetness as it melts on your tongue. Close your eyes. Taste it as it dissolves and feel it fill your hunger.

fason pou w tou pèdi ti dan lèt ki nan bouch ou yo. Ou oblije kale l, paske ou pa vle kase bon dan nan bouch ou. Po kann di, menm ji kann dous kou siwo.

Katriyèmman, amize w ak bout kann ou, moulen kann ou anba dan w, souse tout ji ki ladan l; apre sa, jete pay ki nan bouch ou a, voye yo atè. Pran gou ji dous kann lan nan bouch ou, sou lang ou. Fèmen zye w, pandan ji sa ap desann nan gòjèt ou epi toupizi grangou w.

20

DINNER

Jacquelaine

Jacquelaine dances with knives while she cooks. The meal is a song, and her radio is turned up, filling the kitchen with chords and words she sings along to. The other girls help peel, clean, chop, swinging their hips and twisting their feet with the beat. Tossing the salt over the pan, it sprinkles the air like music, adding to the spatter of the grains hitting the sizzling oil.

The kitchen is open, split with the living room where boys and men who act like boys watch football or an action movie, on a break from their sweaty work in the sun. Pepe presses his face against the fan, drying the sweat where it drips.

Jacquelaine dances, twisting and singing softly under her breath as she tries to guess how many will be coming for dinner. Ten, twenty, thirty? She hopes for the best and never really knows who will drop in.

The grated window by the sink shows the world of men moving through slots and pin holes. Here the women stir and sit and laugh with one another as they slice sausages. Sing along, sound it out, learning English through song, not quite understanding. But it sounds beautiful. Steam from the boiling noodles heats an already balmy kitchen. Burners and ovens versus fans and their waving hands.

When the sauce and noodles are done, Jacquelaine hides away in her room, waiting for the crowd to fade. Too many people, too much attention for her liking. She doesn't eat her own food anymore, the same food and meals every week. It makes her sick to think of eating more of it, and when the hungry horde

DINE

Jacquelaine

Jacquelaine ap fè manje, li ap danse ak yon kouto nan men li. Manje a se on chante. Li limen radyo l. Chante ak son mizik k ap soti nan radyo plen ti kizin nan. Lòt tifi yo ap ede kale viv, ede koupe viv, ede netwaye toutandansan, pandan yo ap lage pa atè. Y ap met sèl nan manje a, y ap danse. Y ap fri epis nan luil, y ap danse. Kizin lan chaje aktivite.

Kizin nan pa fèmen e li pa lwen salon an. Salon an se kote tigason ak granmoun gason ki aji tankou timoun konn chita pou yo gade foutbòl oubyen gade fim, lè yo pran on kanpo nan travay anba solèy cho a. Pepe chita anba vantilatè a pou swè k ap koule sou li ka seche.

Jacquelaine ap danse, ap fredone yon chante tout pandan l ap konte, revize nan tèt li konbyen moun k ap vin manje. Dis, ven, trant? Li pa janm konnen egzateman ki kantite bouch l ap gen pou li bay manje. Ki moun k ap pase dènye minit. Nan fenèt la, medanm yo ka wè mesye yo k ap monte desann. Medanm yo ap ri, brase manje, koupe sosis. Y ap chante on chante an angle. Y ap eseye repete mo angle nan chante a malgre yo pa konprann. Men yo sonnen byen. Chalè ap soti nan dlo espageti a k ap bouyi. Kizin nan cho. Van vantilatè ak van y ap fè ak men yo pa ka fè anyen pou yo devan chalè dife nan recho yo ak chalè manje yo k ap kwit la.

Lè espageti a fin pare, tout manje fin kwit, li kite kizin lan l al nan chanm li. Li kite pou on lòt moun

is done barreling through her kitchen, she'll sneak away to eat with her friends.

The other girls, and once in a blue moon a boy, will help scrape and clean the remnants of the kitchen. Catch every drop of dribbling water from the tap and mix with the bar of soap creating clean bubbles to scrub the burnt noodles at the bottom of the pot. Don't waste the water, food, or time. With the radio down the girls dance with pruny fingertips and soapy knives, cleaning for the dance to start again tomorrow.

separe manje a. Twòp moun. Li pa kab pran tout moun sa yo ki anvayi sou li. Sèjousi li preske pa manje nan manje li fè yo. Se toujou menm manje a. Li rebite manje a. Lè tout moun ki anvayi kizin lan fin pran manje yo ale, li va al gade sa k rete pou l pran ti moso epi pou l al chita manje ak zanmi l.

Tifi yo, ak youn nan ti gason yo pafwa, vin netwaye kizin lan apre manje fin fèt, lè manje separe. Ak ti dlo tiyo k ap degoute a, yon moso savon, yo lave asyèt, yo foubi chodyè. Pa gen gaspiye dlo. Pa gen gaspiye manje. Pa gen gaspiye tan. Radyo a ap jwe tou ba kounye a. Ti medam yo toujou ap danse ak men yo ak dwèt yo plen kim savon k ap lave asyèt, fouchèt, kouto, kiyè. Y ap netwaye pou yo rekòmanse menm bagay yo demen ankò.

WATER

Eldet

Eldet has three ways to get water.

One

Drip-drip-drop of the drip-drops from a waterfall that barely falls along the side of the rock burning under the sun. A line of pails, cups, bowls, jugs wait for their turn to satiate their never ending thirst. As he approaches, teenage Eldet sees five people in line, young and old but all poor. They have to wait as dry dust flies in their eyes. They already look tired, shifting from foot to foot with their empty jugs and cups. This will take many hours. If he stays, he will be late for school. But they need it. His mom keeps telling him he should go to school, that it will be good for his future, so he turns on his heel and marches back home, with his back to the drop-drip-drip of water.

Two

A spring of water—the oasis in the countryside—surrounded by milling people, waiting for their turn to gather water for the day. Eldet scoops up the water with his cup and into his bucket, and he waits again for the water to rise up from the mud. The spring below relinquishes just enough to fill the shallow hole in the ground. People from town have tried digging to get to the wellspring below, but no matter how deep, the water only creates a puddle to scoop from. The dirt is sometimes caught with the puddle water, but Eldet's swift and sure hands allow him to catch clean water.

JWENN DLO

Eldet

Elde gen twa fason pou li jwenn dlo.

En

Tak-tak-tak ti degoute k ap koule soti nan kaskad ki prèske pa kaskad ankò sou tèt wòch la k ap boule nan solèy la. Yon liy bokit, gode, bòl, boutèy, youn dèyè lòt ap tann tou pa yo pou satisfè swaf yo ki pa janm fini. Depi l ap parèt, Eldet wè senk moun nan liy la, granmoun ak timoun, afè pa bon. Yo blije kanpe tann nan pousyè a, pousyè k rantre nan je yo lè van leve l. Yo tout parèt fatige, apiye isit lòt bò ap tann tou pa yo. Al chache dlo ka pran tout yon jounen. Si li rete l ap anreta lekòl. Men yo bezwen dlo a. Manman l toujou di li fò li al lekòl, lekòl se fiti li. Li reziyen l vire do bay ti tak tak dlo k t ap degoute nan kaskad la epi tounen lakay li.

De

Yon sous dlo—wasis moun nan mòn—antoure ak moun, moun k ap tann tou pa yo pou yo ranmase dlo pou jounen an. Eldet ap ranmase dlo nan sous la ak yon gode pou li plen bokit li. Tanzantan fò li tann pou dlo a monte e vin pwòp. Se pa yon gwo sous. Moun zòn nan eseye fouye pi fon pou sous la ta vin pi gwo, men sa pa mache. Dlo a toujou gen tè ladan l. Men Eldet egzat. Li rive pran dlo pwòp san li pa ranmase tè avè l.

⁂

Three

The long trek on weekends meant for play is used to store water for the upcoming week. The four siblings hike with empty buckets on their heads and under their arms as they march up the mountain like ants on an anthill. Following the easiest path, the parade of children laugh as they make the journey. Six hours of walking, hiking, sweating and pounding feet on rocks and sticks.

At noon they arrive at the pool of water, and sit to relish in their accomplishment before filling their plastic jugs with the nectar of life. It will keep them clean and quenched and fed for the week. After they are rested and their jugs are heavy, the children gather the water and walk back down the mountain.

*

Twa

Wout pou al chache dlo a long. Lan wikenn, tan pou timoun t ap jwe, fò yo al nan dlo.

Bwote dlo po yo jwenn pou yo sèvi pou tout semèn nan. Yo tou le kat pran wout la, bokit sou tèt yo, bokit anba bra yo pou yo grenpe monte tèt mòn nan. Yo sanble ak foumi sou tèt mòn nan. Yo chache chemen ki pi fasil la, yo pale, yo ri ant yo. Pou ale nan dlo tounen lakay, li pran yo sizèdtan ap mache sou wòch, branch bwa, monte mòn, desann mòn. Yo swe kou pitit Bouki.

Lè midi sonnen se lè a yo rive nan dlo a. Yo chita pou yo poze anvan yo kòmanse plen bokit, galon. Dlo se lavi. Y ap gen dlo pou yo fè twalèt yo, dlo pou yo bwè, dlo pou yo fè manje pandan semèn nan. Lè timoun yo fin poze, fin plen bokit yo ak galon yo ak dlo, yo pran chemen pou tounen lakay.

22

FON KOCHON

Vialy

The branches overhead sway with the evening breeze, and Vialy shivers at the growing chill and continues walking up the mountain. Eldet is leading a group to his old house in the village of Fon Kochon. Though Eldet and his family are well loved, no one has been to his house before because it is so far away. Fon Kochon doesn't get many visitors, and they are bringing gifts and treats. Eldet bounces like a child along the way, describing his home, his garden, his valley. Fifteen grown men huff and puff on the almost silent trek up the mountain. Seven Americans and eight Haitians. All breath is saved for walking. The sun glides above them, but races ahead in the sky. It is now hidden behind the mountain, turning the few clouds in the sky into fire-drenched cotton balls.

Vialy walks behind one of the Americans, ready to steady him if he falls. Uncertain of his English, Vialy doesn't speak to the Americans, but Marc Donald does. His English is fluent; he's been studying for years.

The sun sets completely and the group is left in moonlit shadows. The trees leave dark silhouettes against the inky sky, and the path is drenched in darkness and uncertainty. Pastor Mark, the director of Haiti Bible Mission, Marc Donald, one of the Americans, and Eldet bring out flashlights to guide their weary steps on the precarious rocks and holes on the non-existent path up the mountain. Vialy can hardly see. His pace slows, testing each step for danger.

The rocks beneath his feet seem steady, but Vialy's foot

22

FON KOCHON

Vialy

Gen yon bon ti briz aswè a. Vialy ap frisonnen pandan van nan pye bwa ap vante, sekwe fèy yo pi plis. Li kontinye monte mòn nan. Pandanstan, Eldet ap mennen yon gwoup moun lakay li, nan vilaj Fon Kochon. Malgre tout moun byen renmen Eldet ak tout fanmi li, men pa gen anpil moun ki konn vin wè yo, paske yo rete twò lwen. Fon Kouchon pa gen anpil vizitè, men gwoup sa a ap pote kado ak lòt amizman. Eldet ap sote tankou yon timoun sou tout wout la. L ap pale de lakay li, jaden l genyen, zòn li rete a. Kenz gwo gason ap esoufle pou yo monte mòn nan. Pami yo gen sèt Ameriken ak uit Ayisyen. Yo tout ap esoufle nan mòn nan. Yo gen yon pakèt tan nan wout. Solèy la kòmanse ap glise desann pou al kache dèyè mòn yo. Gen kèk nyaj ki pòtre boul koton k ap pran dife.

Vialy ap mache dèyè youn nan Ameriken yo, pou l ka kenbe l si pye msye ta chape, si li ta manke tonbe nan mòn nan. Kòm Vialy pa twò bon nan angle, li pa pale ak Ameriken yo, men Marc Donald li menm li pale angle. Angle l bon anpil; li gen lontan depi l ap etidye angle.

Solèy la te fin kouche nèt, kounyeya se limyè lalin nan sentman ki t ap klere yo. Nan fènwa a, lonbray pye bwa yo tou nwa. Wout la tou nwa. Ou pa ka wè kote w ap mete pye ou. Direktè Misyon an, Pastè Mark se youn nan Ameriken yo. Marc Donald ak Eldet blije pran on flach pou klere chimen an pou yo paske wout la te chaje wòch ak twou. Apenn si Vialy li menm ka wè byen. Li oblije ralanti

slips off and twists into a hole. His stomach drops and he yells out as he lands on sharp rocks. He lies on the ground, heart pounding loudly in his ears, trying to recover before causing a scene. Everyone is staring; Marc Donald and one of the Americans are coming over to him. Vialy pushes himself up, he doesn't want to be a problem, but his ankle throbs and feels like splinters as he can't help but collapse with a small cry.

Everyone has stopped, and all of the flashlights are shining in his eyes like predators and searchlights. He blinks and shields his face as Marc Donald bends down.

"How does that feel?" Marc Donald asks, feeling his ankle with a cautious finger. "Can you move your toes?" Vialy winces, tenses, and is barely able to wiggle his toes. Illuminated by a flashlight, their shadows look like monsters waving in the trees.

When Marc Donald explains that his ankle is sprained, Vialy can't help but feel angry at himself, at the rock, at his foot for slipping. Pastor Mark tries to figure out who can walk Vialy back down the mountain.

"I'm still coming." Vialy says, standing up and testing the weight on his injured foot. Marc Donald supports his arm as he stands, a concerned look etched across his face. They have come too far to go back now. He is not going to be a burden. He is going to make it with the rest of them.

The group continues even slower now. Pastor Mark joins Vialy and stays in the back of the group with a flashlight, shining the path in front of him to make sure he doesn't trip again. Pastor Mark is fluent in Creole and they talk between the huffs and long stretches of silence.

Hours of trekking, of wincing, of yawning. The moon is high and the night is half over when they find a random house where they can sleep. The porch is raised off the ground, dry, and for the most part free of rocks. The family watches the

pou l fè atansyon kote l ap mete pye l.

Malgre tout atansyon li fè, pye Vialy glise sou on wòch epi li sot tonbe. Li blayi sou vant. Li rete atè a pou on ti moman, l ap rele, kè l ap bat bip-bip byen rapid. L ap eseye reprann li pou l pa montre li panike. Tout moun ap gade l. Marc Donald ak youn nan Ameriken yo pwoche li. Vialy leve kanpe, li pa vle bay pwoblèm, men li pran yon bon chòk nan je pye li. Li santi yon doulè k ap pike l; li pa ka kanpe, li tonbe ankò.

Tout moun kanpe. Tout flach yo klere sou li, prèt pou pete je l, w a di se yon moun yo t ap chèche, yo jwenn li. Li tenyen je l, bare figi l.

Marc Donald tate cheviy Vialy tou dousman epi li mande l, "Kòman w santi w?"

"Èske w ka jwe zòtèy ou?" Vialy fè yon grimas, peze doulè a, li pa menm ka bouje zòtèy li. Nan fènwa a, lonbray moun yo ak lonbray pye bwa yo fè on sèl.

Marc Donald di Vialy fè yon antòs nan pye, li vire pye a. Pastè Marc mande pou yon moun ede Vialy monte mòn nan.

Vialy di, "M kwè mwen ka kontinye mache." Li kanpe. L ap teste pou l wè si pye l ka soutni kò l. Marc Donald ba l lebra pou sipòte l. Grimas Vialy fè ak figi l fè Marc Donald wè Vialy pa ka mache sou pye a. Men yo soti twò lwen pou yo ta retounen. Vialy pa ta renmen vin yon pwa lou nonplis pou yo. L ap degaje l pou li fini wout la ak rès gwoup la.

Gwoup la vin oblije ap mache pi dousman kounye a. Pastè Mark ak yon flach ret dèyè pou li mache ak Vialy ki oblije apiye sou Marc Donald pou li ka mache. Pastè Mark ap klere wout la devan yo pou l asire l yo p ap tonbe ankò. Kreyòl Pastè Mark anfòm, li menm, Marc Donald ak Vialy ap mache y ap pale.

Yo fè anpil tan ap mache nan mòn nan, fatig ak

outsiders settle onto their mats stretched out on their porch before shutting their door. Vialy tries not to rest on his foot, but it can't help but throb with his heartbeat and thoughts. The more he thinks, the more he feels, the more it hurts. He closes his eyes, clutching the blanket protecting him from the cold mountain air, and turns over on his mat, willing himself to sleep.

His blanket damp with morning dew, Vialy wakes to the smell of peeling oranges. He sees discarded orange peels surrounding Marc Donald, who starts peeling a new orange and Vialy laughs as he sits up. "How many have you eaten?"

"A lot." Marc Donald says with a smile. The group laughs.

They start walking before the sun even begins to think of rising. Vialy tenderly steps on his still swollen ankle and hobbles along with Pastor Mark, who is still leading the two of them with a flashlight.

Vialy shivers. The sun rises on the other side of the mountain and they are still drenched in shadow. The further they climb, the colder it gets. The group stops for a break, like they do every couple hours, and Vialy tries not to wince as he lifts his foot up on a rock, trying to help the swelling. Too soon they are up and walking again. The dirt slips beneath their shoes, they grab trees and branches to help themselves up, rocks tumble down behind them as they kick them loose. When they pass by houses children come and cry out "*Blan*! *Blan*! *Blan*!" They are a novelty. Visitors in a far-off place.

Eldet and Patrick start talking with the growing crowd. This is their countryside, their home. Some of the villagers give little gifts of fruit. Vialy gives the crowd sandals and clothes they had brought along.

"Where are you going?"

"Fon Kochon."

The villagers shake their heads. "You'll never make it."

somèy ap bat yo, epi ou gen Vialy ki pake mache vit. Lalin la wo nan syèl la, e mwatye nwit la deja pase. Yo fini pa wè on kay sou wout la. Yo kanpe epi yo frape pou yo mande si yo ka fè yon ti dòmi. Erezman galri kay la se glasiye. Mèt kay la ranje nat pou yo sou galri a, pou yo poze tèt yo pou nwit la. Doulè a fè tout nwit la ap sakaje Vialy.

Lè li jou, dra yo mouye ak lawouze. Vialy di, "M pran odè zoranj." Lè Vialy voye je l gade, li wè pabò kote Marc Donald la yon pil po zoranj. Li mande Marc Donald: "Konbyen zoranj ou gen tan manje la?"

Tout an griyen dan, Marc Donald di li, "Yon pakèt." Lòt moun yo pran ri tou. Se vre te gen on pil po zoranj bò tèt Marc Donald.

Yo di moun ki te ba yo dòmi an mèsi, epi yo rekòmanse mache ankò anvan solèy la te fin two wo nan syèl la. Vialy met pye l atè dousman, cheviy la toujou anfle. Vialy ap tranble.

Plis y ap monte mòn, plis solèy la vin pi cho. Gwoup la fè yon kanpe. Yo kanpe chak dezè d tan. Vialy ap eseye kenbe doulè a; li poze pye a sou yon wòch pou ede enflamasyon an desann. Yo pa pran anpil tan pou yo kontinye mache ankò. Yo bezwen rive. Pousyè ap glise anba pye yo, yo kenbe branch bwa ki sou chimen yo pou yo pa glise. Y ap pouse wòch k ap glise anba pye tou. Lè y ap pase nan vilaj yo, gen kote timoun yo pran rele, "Blan, Blan, Blan." Gen lè yo pa janm wè moun blan anvan sa.

Pandan gwoup la chita pou yo pran on ti pòz anvan yo kontinye nan mòn nan, Eldet ak Patrick ap fè on ti pale ak moun nan zòn ki ap rasanble pou vin mande yo kote yo prale. Se vilaj yo. Lakay yo. Gen nan abitan yo ki fè yo kado fwi. Vialy fè yo kado sandal ak rad li te pote avèk li.

"Ki kote nou prale?"

"Fon kochon"

"How much longer to the Tine's house?"

"It's too far and you have injured people. You'll never make it."

Everyone tells them that they will not make it.

Vialy sees Pastor Mark, Marc Donald, and Eldet talk together in hushed tones. Eldet and Patrick have not seen their old home in years. The others have never seen it. But it is too far, and they have jobs back in town.

They bring the group together and everyone is tense and sweaty and quiet as they wait. Pastor Mark steps up and tells them that they have to turn around. They will not be making it to Fon Kochon.

As the news settles in, Vialy sees the group grumble with downturned faces. They wipe their sweaty brows and try to escape into the fading shade. The feeling of failure spreads throughout the group. They will not make it to Fon Kochon.

Vialy sits on the ground, resting his ankle and talking with a couple kids from the neighborhood. One of the boys runs home to get his game of jacks, while another boy and a girl sit with Vialy, occasionally resting their light fingers on his swollen ankle.

Vialy sees a goat being led towards Pastor Mark. They feast together and their spirits rise with the meal. Stomachs full, they say goodbye to the villagers, who wave them off as they walk away.

The sun dips down; they sleep on the floor of the church. Vialy hopes this will be his last cold and dew covered sleep for quite some time. A couple hours of sleep later, the sun not even starting to rise, they awake to start again.

☼

Hours more of stepping, sliding, slipping, stumbling down the mountain, they finally find level ground. Vialy's thighs and calves are shaking a bit as they walk around to find their

Abitan nan zòn yo sekwe tèt yo, yo di, "Nou p ap janm rive!"

"Nan konbyen tan nou ka rive lakay Tine?"

"Moun yo di nou gen apil wout ki rete toujou. Sanble li twò lwen, epi nou gen Vialy ki tòdye pye l, ki pa ka mache vit. Nou gen lè pa p janm rive, vre"

Tout moun di yo, yo p ap janm rive.

Vialy wè Pastè Mark, Marc Donald ak Eldet k ap pale antre yo tou ba. Eldet ak Patrick gen lontan depi yo pa vin lakay yo Fo Kochon. Se paske yo rete lwen toutbon vre. E yo toulède ap travay lavil la. Wout pou al Fon Kochon an pa fasil, se jis anwo lwen nan tèt mòn nan.

Pastè Mark rasanble tout gwoup la. Tout moun on ti jan enkyè, y ap transpire, epi yo fatige. Se atò epi Pastè Mark di yo, fòk yo ta kase tèt tounen. Yo pa p janm ka rive Fon Kochon dapre sa tout moun di yo. Sitou ak Vialy ki pa ka mache vit.

Vialy wè vizay moun yo dekonpoze. Yo siye lasyè ki t ap koule sou figi yo. Epi yo l ap pare solèy yo nan yon ti lonbray anba yon pye bwa. Figi yo make dekouraje, yo santi yo echwe. Yo p ap rive Fon Kochon.

Vialy chita atè pou li detire pye anfle a. L ap pale ak de twa timoun nan zòn nan. Youn nan ti gason yo al lakay li al chèche yon jwèt kat. Gen yon tifi ak yon tigason ki rete chita ak Vialy. Tanzantan yo manyen je pye ki anfle a.

Yon lòt moman, Vialy wè yon ekip moun nan zòn lan k ap vin sou yo. Moun yo pote on chodyè vyann kabrit byen prepare pou Pastè Mark ak moun ki te avè l yo. Sa w tande a, yo manje, yo byen manje. Sa leve moral gwoup la. Vant yo byen plen, yo remèsye abitan nan zòn nan, epi yo kase tèt tounen. Pa gen ale Fon Kochon ankò.

Solèy la vin kouche ankò. Men lè sa yo vin jwenn yon legliz. Yo blije dòmi atè nan legliz la. Vialy swete se

truck. It is semi-hidden under tree branches. Vialy rides in the back of the truck, excited to sit, even if it is along the bumpy pot-hole ridden roads. The wind dries his sweat and cools his warm cheeks.

dènye fwa l ap gen pou li dòmi nan fredi ak imidite sa a,ak doulè sa a. Yo fè kèk èdtan somèy sèlman. Anvan jou leve, yo deja kanpe pou yo repran wout la kase tèt tounen.

Yo fè yon bon ti tan ap mache, glise, bite pou yo desann mòn anvan yo resi rive nan plenn la. Vialy pa ka met pye a atè ditou. Gwoup la fè on ti chache pou yo jwenn kote yo te pake machin yo. Sètwouve li te mwatye kache dèyè kèk pye bwa. Vialy monte, li kontan li te finalman ka chita, menm si l konnen jan wout la pral sakaje l. Kamyon an ap kouri. Van k ap bat figi Vialy a fre, li seche tout syè sou kò l.

23

GOING TO SCHOOL

Eldet

More people. Faster people. Moto and truck tires spray dirt into the air, creating a dust cloud and sprinkling market booths and passersby with a fine tan layer. The sharp beeps and honks mingle with the gossip and bartering of main street. Concrete buildings grow hot to the touch in the unrelenting sun and tarps sway and flap with a slight breeze.

"There is a nice new school here. It was built by the Methodists," his mom says as she brushes Jacqueline's hair, "We moved here so you could go there."

Eldet tries not to squirm in the hard backed chair, his feet dangling above the dirt covered floor. His mother clears her throat and a fan sputters in the corner of the small room. The room is dim despite the wooden window shutters being as wide open as they can go. The head teacher squints at a single sheet of paper on his own desk.

"No schooling, no paperwork… where did you come from? How old are you?"

"Fon Kochon. Ten." Eldet said, trying not to stare at the floor.

"You'll start in first grade."

He can feel the sticky sweat creeping down his back when he and his siblings walk in the early morning. He worries about his uniform looking dirty and brushes invisible dust off his sleeve. The school stands strong with its concrete walls. They wipe off their dirty shoes in the doorframe, the sunshine

23

ALE LEKÒL

Eldet

Plis moun. Moun ki ap mache rapid. Moto ak kamyon ap voye pousyè toupatou, benyen moun ak pousyè, benyen ti boutik ak do machandiz yo ak pousyè. Tout moun kouvri ak pousyè, tout bagay kouvri ak pousyè. Bri klaksonn melanje ak vwa moun k ap fè tripotay, melanje ak vwa moun k ap machande nan lari a. Kay beton yo cho anba solèy midi a, prela yo ap vante nan ti van k ap soufle a.

Manman Jaquelaine ap pale avè l, li ap pase men nan tèt li, li di l, "Genyen yon bèl lekòl tou nèf bò isit la. Se Metodis yo ki bati l. Se pou nou ka al nan lekòl sa a ki fè nou vin abite bò isit la."

Eldet eseye chita dwat sou chèz la, ti pye l pandye, yo twò kout pou yo rive atè a. Chanm nan fè nwa malgre fenèt la louvri. Mèt lekòl la ap gade fèy papye a sou biwo l.

"Ou pa ko janm al lekòl... Nan ki zòn ou soti? Ki laj ou?

Eldet reponn li, "M sot Fon Kochon. Dizan."

"W ap kòmanse nan Preparatwa en."

Lematen lè Eldet ak frè l ak sè l ap mache pou yo al lekòl, li ka santi swè k ap koule nan rèl do li. Li pè pou l pa sal inifòm li. Lekòl la fèt an beton. Anvan yo rantre lekòl la yo siye labou anba pye yo deyò. Limyè solèy la fè ti moso pousyè yo parèt klere. Lè yo chita sou ban yo,

making the dust specks glow and flint through the room. They sit together on the creaking benches that perpetually sway in front of dusty chalkboards.

The air tastes like chalk, sweat, and mud, and it sticks on the inside of Eldet's nose and mouth. He tries not to cough or sneeze as the teacher twists the ruler in his hands in an absent-minded threat. The school room is crowded, stuffed with students pressed side to side. The benches creak with the weight and shiftiness of first grade boys and girls, all different ages and sizes. Their blue and yellow uniforms in various states of cleanliness, some already fraying at the edges from constant cleaning. His younger sister sits next to him, her hair braided with baubles that match their uniform colors.

The teacher talks of molecules and particles and the chemistry of wood—smack goes to the switch, the stiff rod snapping on the back of a daydreaming boy sitting by the window. The boy sits up straight, hands clenched as the teacher continues pacing the front of the room. Eldet never gets in trouble, never gets hit. He looks straight at the teacher whose Haitian skin glints with sweat as the rod swings nonchalantly from his hand.

Eldet never plays during recess. He watches the other kids play, not wanting to get dirty-get in trouble-get in the way. He has no money for lunch and doesn't want to spend energy on tiresome activities. He sits in the shade, waiting for the lessons to start again.

Eldet and his sister wander home with homework and questions and grumbling stomachs. Their feet are a little slower on the way back home, the city rushing past them, unnoticing.

ban yo fè bri. Ban yo pa solid menm. Poud lakrè a kouvri tout tablo a.

Poud lakrè a, sant swè, pousyè tout antre nan twou nen Eldet. Pwofesè a ap pale, li kenbe règ la nan men l. Eldet ap fè efò pou l eseye pa touse ni etènye. Sal klas la plen, chaje ak elèv ki chita kòt a kòt. Ban yo ap krake, fè bri ak kantite timoun ki chita sou yo, Yon bann tifi ak ti gason diferan laj, diferan wotè ak diferan gwosè nan klas preparatwa en. Inifòm ble e jòn yo sou yo. Genyen k pwòp, genyen k sal, genyen ki antrede. Genyen inifòm sou yo deja fin blaze tèlman yo lave yo. Ti sè la chita bò kote l, ak barèt boul gogo nan tèt li ki menm koulè ak inifòm nan.

Pwofesè a ap anseye yon leson chimi sou molekil ak patikil ki gen nan bwa—yon kout règ tonbe nan do youn nan ti gason yo ki chita bò fènèt la, li lwen li p ap suiv leson an. Kout règ la reveye l, li drese kò l, li kwaze bra l. Pwofesè a kontinye ak leson an, l ap monte desann nan klas la. Eldet fè efò pou l pa janm nan pwoblèm ak pwofesè a. Yo pa janm kale l. Je l toujou sou pwofesè a. Pwofesè a toujou gen règ la nan men l.

Eldet pa janm jwe nan rekreyasyon. Li jis chita gade lòt timoun k ap jwe. Li pa vle inifòm li sal. Li pa vle nan pwoblèm. Li pa gen kòb pou l achte anyen pou l manje nan rekreyasyon. Li pa vle gaspiye enèji l. Li chita nan lonbray yon ti pyebwa, l ap ret tann klòch la sonnen pou l retounen nan klas.

Lè lekòl lage, Eldet, frè l l ak sè l pran wout lakay yo, devwa yo nan valiz yo, chaje kesyon ka ap monte desann nan tèt yo ak grangou k ap bouyi nan vant yo. Yo mache pi dousman lè y ap sot lekòl. Yo pa peye atansyon a anyen, menm vil la.

24

BRAIDS

Roselaure

Brush and smooth—this will stay for the month. Coarse black strands over, under, over, twisting beneath fingers. They tell stories as payment in the shade, laughing, crying, and loving each other over the hours of preening. The day comes and goes. Everyone knows where they can get the best all around small, tight, lasting braids that are perfectly small and beautiful. Roselaure is a queen with her fingertips, crafting art. Every child has braids or buns or perms. Walking through town she can see her art in the streets, shining in the sun.

After some time, they loosen bit-by-bit, knots come undone as weeks pass by. Undo, redo. Roselaure will help them become new—brush and smooth.

TRESE

Roselaure

Byen swa, byen bwose—sa a ap bay on mwa. Cheve ki trese ti kouri. Se blag yo bay alaplas kòb la. Griyen dan, kriye, lanmou youn pou lòt pandan dèzè y ap penyen. Jounen an kòmanse, li fini. Tout moun konnen ki kote y ap jwenn penyen tèt yo byen. Très ki bèl, très ki byen fèt, très k ap dire nan tèt yo. Avèk dwèt li Roselaure se yon rènn, se yon atis. Pa gen kwafi ak kout peny li pa ka bay. Très, chiyon, pèmanant. Li ka wè kout peny li bay nan tout lari a. Se travay on atis. Kwafi yo klere nan solèy la.

Apre on ti tan, tèt yo kòmanse detrese très pa très. Apre kèk semènn kwafi yo kòmanse defèt. Defèt, refè. Roselaure ap penyen yo ankò—byen swa, byen bwose.

25

THE RIOT

Pepe

The gas canister launches at Pepe's feet; he jumps up and it flies underneath him, ricocheting off the porch. One of his friends slams a rice pot on top of it, but the gas is already choking them and burning their eyes. The three of them run inside and hide under a bed. Pepe can hear the running and coughing continue outside. The police are coming. He gets up to wash his face and stop his eyes from burning.

He can smell burning plastic waft in through the window and it mingles with the stinging gas lingering in the house. When they walk outside Pepe can hear other neighborhoods screaming and throwing things amidst the gunshots.

The heat from the sun mingles with the heat from the tire fires along the growing barricade as Pepe helps carry a newly chopped tree to the open flames. The women gather children into one place; the men stay in the street to fill makeshift bombs. Pantyhose, sand, gas. Some gas trickles down their hands as they pour and splashes on the dusty ground. Words are short. Breath is shorter.

Any moment now.

Everything is tense and everyone is on watch. A starving dog wanders along the street in front of the barricade, but it skitters off when the police cars roll by. Some cars don't stop when their homemade bombs and rocks bounce off their car doors and helmets—their neighborhood, the Point, has been quick with the barricade. Others are not so lucky, Pepe thinks; stray bullets can take anyone down. The police are dangerous. A couple police cars

25

TWOUB LA

Pepe

Yon ti kannistè gaz lakrimojèn vin tonbe bò kot pye Pepe. Pepe kouri leve. Kannistè a al ateri sou on galri a. Youn nan ti zanmi l yo pran on chodyè pou l kouvri l. Men gaz la deja koumanse gaye, koumanse ap toufe yo, fè dlo kouri nan je yo. Toulètwa kouri al kache anba kabann nan. Pepe ka tande lòt moun deyò k ap kouri, k ap touse. Li tande sirèn lapolis k ap pwoche tou. Li soti anba kabann lan pou l pran dlo pou lave je ki ap boule l.

Li pran sant kawotchou k ap boule deyò a. Lafimen an rantre nan fenèt la. Sant gaz la anvayi tout kay la. Lè yo resi soti deyò, Pepe ka tande moun k ap rele, li ka tande tire.

Solèy cho a melanje ak kawotchou yo k ap boule fè lari a pi cho toujou. Moun nan zòn nan monte on barikad. Pepe ede pote yon pye bwa yo fèk koupe pou mete nan dife a. Fanm yo pran tout timoun yo mete yo on sèl kote. Mesye yo rete nan lari ap fè kòktèl Molotov. Vye ba, sab, ak gaz. Gaz la tonbe nan men yo, gaz ap koule nan ponyèt yo. Yo pa pale anpil. Yo pa respire anpil.

Nan nenpòt moman.

Lari a sou tansyon, tout moun sispèk, tout moun ap veye. Yon chen grangou tou mèg ap pase bò kawotchou yo k ap boule a. Sirèn machin lapolis yo fè l kouri. Gen machin ki pa pran chans kanpe menm lè kòktèl Molotov ap eklate toupatou bò kote yo lè y ap

stop and the bombs and rocks grow more frantic as the police emerge with their guns and helmets.

Time flies by. Time stops. The barricade is starting to run out of ammo.

Then the shooting stops and a police officer raises his hands. A second of silence as the everyone in the neighborhood holds their breath. The police officer walks slowly to the barricade, hands up. Offering a ceasefire. The neighborhood smiles and breathes, and the police ride away. They put away the barricade with thankful hearts that no one was hurt.

Resting in his home, sweat still dripping down his face, Pepe suddenly hears the pop of guns. He jumps up and runs out to see the police out in full force. Anger. Betrayal. His neighbors are yelling and rolling out the tires and furniture once again. He stands there again in the land of déjà vu, where the police shoot guns in the air and Pepe and about thirty of his neighbors defy them. They taunt the police, calling them nearer while they hold their pantyhose bombs. The neighborhood steps forward together, getting closer to the police and their line of cars.

The police leave. They hope for good this time. Pepe thinks they left because thirty dead bodies would leave too big a stain on their clean uniforms.

He hears a man talk about helping another neighborhood. Carrying their bombs and rocks, the Point men follow the police to another neighborhood that is not as well protected. Their barricade is in shambles, only a tire is left on fire, the rest is char and smoke. The police shoot in the air and start arresting people.

One man is shot in the chest.

Pepe sees him running toward the police, defending his home, his family—then stop as a red hole bursts and he falls to the dirt.

pase. Katye a te monte barikad la byen vit. Pepe kwè gen lòt zòn ki pa t gen chans sa a. Nenpòt ki moun ka pran on bal mawon. Lapolis danjere. Gen de twa machin polis ki kanpe. Bonm ap eklate, wòch ap voye, soti toupatou. Polis yo soti nan machin yo zam yo nan men yo, kas yo nan tèt yo.

Tan ap pase. Se kòmsi tan p ap pase. Dife barikad lan kòmanse desann.

Yo sispann tire. Yon polis leve men l anlè. Ou pa tande on ti bri. Tout moun nan zòn ap tann. Polis la al enspekte barikad la. Li mete de men li anlè. Lapè. Lapè n ap mande. Lapè resi tounen nan katye a. Lapolis yo monte machin yo, y ale. Moun yo retire barikad la. Erezman pèsonn nan zòn nan pa t viktim nan tout deblozay sa a.

Pepe al lakay li al repoze l. Li te kwè tout bagay fini. On lòt ti moman li tande tire ankò. Li kouri parèt devan pòt la. Li wè polis yo tounen. Kòlè. Trayizon. Moun nan katye a kòmanse rele, ap chache kawotchou, vye mèb pou yo al boule ankò. Pepe kanpe ap gade menm eskanbrit ki sot pase yo pa gen twò lontan. Lè polis yo kòmanse tire anlè, Pepe ak apeprè trent moun nan katye a kanpe pou yo defann zòn nan. Yo pran fawouche polis yo. Yo fè polis yo siy pou yo vanse pi pre si yo kapab. Pandansetan kòktèl Molotov yo nan men yo. Tout katye a kanpe epi y ap mache sou polis yo.

Polis yo ale. Moun nan katye yo swete fwa sa a se pou toutbon. Pepe kwè polis yo ale paske si yo touye trant moun, kite trant kadav atè a, sa p ap bon pou imaj lapolis.

Li tande youn nan mesye yo di fòk n al ede moun nan katye akote a. Wòch yo nan men yo, kòktèl Molotov yo nan men yo, yo derape. Barikad nan lòt katye a pa t anfòm ase pou anpeche polis yo rantre. On sèl grenn kawotchou k t ap boule. On ti moman polis yo pran tire anlè, yo kòmanse

Motionless.

Standing behind the police, the Point men start throwing their bombs and rocks—some hitting their mark. By the time the police turn around, the Point men are out of weapons. Pepe yells something, but can't remember what. Then they all run away.

Pepe's heart is heavy as he runs. At sixteen he knows he has a lot more to do and see, but right now, it all seems to be too much.

arete moun. Yo tire yon mesye nan vant li. Pepe te wè lè li t ap kouri sou lapolis yo pou l ka defann kay li, fanmi li. Li wè lè bal la pran msye nan vant li. Li wè san k ap soti nan twou bal la. Li wè lè msye a tonbe atè a.

Rèd.

Mesye nan katye kay Pepe yo kanpe lwen, dèyè do polis yo pou yo voye wòch ak kòktèl Molotov kot polis yo kanpe a. Genyen wòch ak kòktèl Molotov ki tonbe dirèk sou polis yo, genyen lòt ki rate polis yo. Lè polis yo fè sa yo vire pou wè kote wòch yo ak kòktèl Molotov yo ap sòti, Pepe sonje li pale men li pa sonje ki sa l di. Tout mesye ki sot nan katye Pepe a pran kouri.

Kè Pepe ap bat fò tan li kouri. Pepe gen sèlman sèz lane, li konnen li gen anpil bagay pou l wè, li gen anpil bagay pou l fè, men pou kounyeya li kwè sa li wè jodi a ase, sa l wè jodi a twòp pou li.

26

OUR COMMUNITY

Daniel

Trash rots on the street—mango and plantain peels, flies hatching in old meat, wires, soda bottles, newspapers soaked with urine and feces, all covered in dust and dirt from passing moto tires—congealing together, evolving into an ecosystem for insects and rodents. Steam rises with the smell up toward the sweltering sun. Motos and pedestrians avoid the ever-growing piles with practiced, unconscious motion.

One-two-three-four—Daniel dances along the street to a song in his head, preparing for his next lesson. After eight years of dancing, he is now starting to teach at the studio. Daniel heads to the library to study for school, humming to himself. Quick-quick-slow—he imagines that the world is dancing around him, the basketball player he passes dribbling in time with his internal rhythm. Slide-lift step-turn—the trash around him bakes and ripens, his sweat dripping down, the smell rising up. The air grows thick as he walks under the shade of the downtown Jérémie storefronts. En-de-twa-kat—Daniel smiles at shop attendants as he passes, they smile back and sometimes stop him to ask how he's doing.

Then suddenly—*blan*. White people, a whole swarm.

That alone is strange, but even more so, they are walking straight into the garbage. Walking closer, Daniel sees they are scooping damp gloved handfuls into garbage bags, bits of plastic and soggy cardboard dropping off back onto the ground, the trash almost seems to be squirming. There are seven of them, some making faces at the smell, but working nonetheless.

26

KOMINOTE NOU AN

Daniel

Fatra, fatra nan tout lari a. Po mango, po bannann. Mouch fè mikalaw. Boutèy soda, vye jounal, sant pise ak sant kaka. Pousyè. Pousyè toupatou. Pousyè k leve lè moto yo ap pase. Yon veritab ekosistèm pou ensèk, rat ak sourit. Anba solèy cho a, sant santi a pi fò. Moto ak moun evite pil fatra tankou otomat, kòmsi sa nòmal, kòmsi sa fè pati abitid yo.

En-de-twa-kat- Daniel ap danse nan tout lari a ak on mizik k ap jwe nan tèt li. L ap prepare l pou klas. Sa fè uit lane depi l ap aprann leson dans. Li tèlman fò kounye a, li se pwofesè dans.

Lè Daniel bezwen etidye li al nan bibliyotèk bò lakay li a. Li toujou gen on ti chante pou l ap chante. Vit, vit. Dousman, dousman. Li imajine tout monn lan ap danse avè l. Li pase yon jwè baskètbòl, l eseye matche rit dans li avèk rit pa jwè a. Glise-vole, vire. Li antoure ak fatra. Swè ap koule sou li. Sant fatra yo ap monte pi plis. Pou l eseye evite solèy cho lavil Jeremi a, l ap mache anba galri boutik yo. En-de-twa-kat- Daniel ak yon souri sou bouch li, epi li salye tout machann yo lè l ap pase. Yo souri ba li tou. Pafwa gen nan machann yo ki kanpe l pou mande l nouvèl li, nouvèl moun lakay li.

Toudenkou—blan. Moun blan. Yon anpil nan yo.

Sa te etranj wi. Men, sa k te pi etranj lan se kòmsi se dirèkteman nan fatra a blan yo prale. Lè Daniel voye je l pou li wè sa k ap pase, li wè blan yo ak gan nan

Daniel stops behind a pillar of one of the store porches, out of sight.

There are plenty of others staring more blatantly or stopping completely to watch the spectacle. Suspicious, curious, and confused faces watch as these sweaty blan pick up street trash. Some mutter under their breath or call out curse words or cat calls. Some ignore them completely. Their sweat seems never ending—it drips from their foreheads and forearms and armpits onto the ground and into their bags. Sweat soaks their clothes completely through. When a garbage bag is filled, the blan tie it up and toss it into the back of a pickup truck.

Daniel frowns. Why would white people do this? His friend, Jacob, passes in front of him; Daniel grabs his arm and asks if he knows what is going on. Jacob shrugs, says something about stupid white people, and keeps walking.

Daniel looks around and sees that James, another friend, is talking with the white people, acting like they know each other. He waits until James has walked a little away from the swarm.

He asks James why all these white people are here. "Don't they have anything better to do?"

"They want to help their community."

"Their community?"

"They're a new mission in town."

"Another one?"

"You want to help?"

"No way."

James smiles and goes back to the white people, waving him away. Daniel shakes his head and looks behind him at the pick-up truck slowly filling with black bags threatening to burst like the skin of rotten fruit. James is laughing with a blan, a joke told in the midst of swarming flies.

Turning, one-two-three-four, in rhythm with the

men yo ap ranmase fatra. Sachè fatra nan on men, yo ranmase boutèy plastik, moso katon mouye, elatriye. Ou ta di fatra a anvi.

Gen sèt blan. Genyen, depi ou gade figi yo, ou wè sant fatra a dekonpoze yo. Men y ap travay kan menm. Daniel kanpe dèyè on poto sou youn nan galri yo, l ap suiv.

Moun rasanble ap gade espektak sa a. Moun yo on jan sispèk. Yo kirye. Sou figi yo ou ka wè yo pa konprann sa blan sa yo ap fè la a, ranmase fatra nan lari. Gen moun k ap chwichwichwi youn ak lòt, genyen k ap joure, gen lòt tou ki pa okipe yo, k ap regle zafè pa yo.

Blan yo swe mouye antranp. Swè ap koule sou yo depi nan tèt rive jis nan pye, sou konn on rivyè. Rad yo mouye ak swè. Chak sachè fatra ki plen, yo mare l voye l dèyè yo kamyon pikòp.

Daniel ap mande l pouki pou blan sa yo vin jis la a pou yo ranmase fatra. Jacob, zanmi l vin ap pase bò kote l, li rale bra msye epi l mande l èske l konn sa k ap pase la. Jacob di l yon koze kòmsi se on bann blan egare, epi li kontinye sou wout li. Nan gade gade, je Daniel tonbe sou on lòt zanmi ki rele James. Li wè James ap pale ak blan yo kòmsi li konn blan yo. Li tann lè James fin pale ak blan yo pou l rele msye. Li mande James, "Sa blan sa yo ap fè bò isit la. Se anyen yo pa gen pou yo fè?"

"Yo vle ede kominote yo?"

"Kominote yo?

"Gen yon misyon ki fenk rive nan zòn nan."

"Yon lòt misyon, ankò?"

"Ou vle ede?"

"M pa kapab."

James souri li di Daniel orevwa, epi li tounen al jwenn blan yo. Daniel sekwe tèt li, kamyon pikòp la plen

movement of the street, Daniel hops over the what-might-be-water draining from the alley into the street, which flows down the slight hill towards the ocean, and continues his dance to the library.

ak sachè fatra, près pou eklate tèlman yo plen. James ap ri ak youn nan blan yo, yo ap bay blag nan mitan pil mouch yo ki kouvri fatra a.

Daniel kontinye ti dans li ak ti chante en-de-twa-kat pandan l ap mache nan lari a. Li janbe on rigòl ki koule rive jis nan lanmè a. Li kontinye fè ti danse l jiskaske li rive nan bibliyotèk la.

27

BLAN

Grasner

White people! *Blan*! Grasner joins his classmates in the chorus and runs along the road, following the white people waving while speeding by on motos. White people are rare this far from town. Grasner thinks they are beautiful. They fly by like exotic birds flashing their feathers at the people gazing from the ground.

"*Blan*! *Blan*! *Blan*!" They yell at the white people that fly by in a cloud of dust. No one ever stops. It is a game, a laugh, a distraction from the everyday routine for Grasner and his friends.

When the dust settles Grasner is left staring at the backs of blan that ride around the corner, out of sight and out of mind. He walks back toward the field where the game of soccer is beginning again, the children playing as if nothing had happened.

27

BLAN! BLAN!

Grasner

Grasner ak ti zanmi lekòl yo pran rele, "Blan! Blan!" Sou tout wout la, y ap rele blan, kouri dèyè moto yo k ap pase ak blan yo. Se vre, li pa fasil pou wè moun blan nan zòn sa yo, nan fon peyi a. Zòn sa yo lwen lavil la anpil. Grasner di blan yo bèl. Yo pase nan zòn nan tankou zwazo. Se vole y ap vole tankou zwazo ou pa wè souvan. Moun rasanble pou gade yo.

"Blan! Blan! Blan!" Yo kontinye rele pandan blan yo ap pase chita dèyè moto yo k ap leve on pil pousyè. Pèsonn pa janm kanpe, yo pa janm rete. Sa pa mele Grasner ak ti zanmi li yo. Se pa kanpe yo bezwen yo kanpe. Se kon sa y ap amize yo. Se jwe y ap jwe. Se pou griyen dan. Yon fason pou yo distrè yo ak monotoni lavi chak jou an.

Lè pousyè a bese, Grasner wè do blan yo ki prale, ale, jis yo disparèt sou wout la. Sa ou pa wè pa egziste. Li tounen sou teren foutbòl la kote lòt timoun yo te deja koumanse jwe yon match. Yo kontinye jwe kòmsi anyen pa t rive, kòmsi anyen pa chanje.

28

FRIENDS

Laurenne

White people speed by settled in truck beds and sedans; they wander around the market like a flock of birds, terrified of being separated from each other.

"White people don't belong here."

"They come with their money and fancy clothes and act like they own the place."

"They ruined our country."

"If you can get close to one, you might get some money."

"They are all rich."

"If you become friends with a white person, you won't have any more problems."

"You can't trust a white person."

Laurenne used to think the same.

Krista came in like a warm, friendly storm. Someone might have told Krista that Laurenne's baby needed clothes, or maybe it was a coincidence that she showed up on her doorstep right when Laurenne needed it. Her dark hair is pulled back in a messy ponytail, and her face is full of freckles with light blue, warm eyes that squint when she laughs, which is often. She has a healthy figure, not like those little white sticks that roll into town or are pinned up on posters. Krista is beautiful. Krista has a healthy, throaty laugh that can make a room feel full, a strong hug, and a comprehensive Creole vocabulary. Krista speaks to Laurenne as if she were a person, not a project. She lives in Jérémie with the same stores, the same food, the same roads. She cares about the same people, the same problems.

28

ZANMI

Laurenne

Blan yo ap pase nan gwo machin yo, bèl machin yo. Y ap pwomennen anndan mache a komsi se se on kolonn zwazo. Yo pè pou youn nan yo pa pèdi.

"Blan pa gen plas yo la a."

"Yo vini ak lajan yo, bèl rad yo, epi y ap aji kòm si se wa yo ye isit la."

"Yo fin kraze peyi a."

"Si ou pre yo, ou ka jwenn yon ti kòb."

"Yo tout rich."

"Si ou vin zanmi ak on blan, ou a ap janm gen poblèm ankò."

"Ou pa ka fè blan konfyans."

Laurenne te konn panse menm jan an.

Krista rantre tou cho tou bouke. Gen lè genyen yon moun ki di Krista ti bebe Laurenne nan pa gen rad. Petèt se pa chans li pase kay Laurenne, men li rive nan on bon moman. Cheve Krista nwa. Tèt li penyen an chou. Figi li takte ak yon bann ti siy. Zye li ble. Li gen on bèl souri. Li anfòm. Li pa mèg menm jan ak moun ou wè nan liv magazin yo. Krista bèl. Li pale Kkreyòl byen. Lè Krista ap pale ak Laurenne, li pale avè l ak respè, kòm on moun. Li pa wè Laurenne kòm yon pwojè. Krista abite Jeremi. L al nan menm boutik ak tout moun. Li manje menm manje ak yo. Li pase sou menm wout avè yo. L ap viv nan kominote a tankou tout moun.

Pafwa Krista konn pase pote rad pou ti pitit

Krista listens. Sometimes she comes with clothes for Laurenne's baby, but mainly they just talk. About life, the world, the church. Krista likes to play with Dolores and Laurenne's baby Saphira, reading to them in English and Creole, rolling a ball back and forth.

Months of life, of tears, of laughter. They walk together in the market, searching through stalls for the perfect carrot, the perfect fish, the perfect toy. Side by side they walk down the road, one after another they push through the crowds.

"Hey, I need some money," neighbors say.

"I don't have any to give," Laurenne says.

"Liar," They say, "you're friends with that white woman. She probably gives you all sorts of money."

They see Krista as a meal ticket. An alien. But Krista is a person, even though she is white. Laurenne loves Krista. And love makes you family.

Laurenne walks to the market, watching as a new group of white people pass her by on the back of motos, and she thinks of Krista, her friend who lives up the hill.

Laurenne nan. Men li toujou pase vizite pou l fè ti pale ak Laurenne sou lavi a, monn lan, legliz. Lè l pase fò l jwe ak Dolorès ak Saphira ti bebe ki piti a. Li konn li pou yo swa an angle swa an kreyòl. Li konn fè lòt jwèt avèk yo tou.

Krista ak Laurenne gen plizyè mwa depi yo byen. Yo ri ansanm, yo kriye ansanm. Yo al nan mache ansanm, machande bèl kawòt, pwason fre, jwèt pou timoun yo. Yo mache nan lari a kòtakòt.

Tout lajounen gen yon vwazen oubyen on vwazin k ap mande Laurenne, "ban m on ti kòb."

Lè Laurenne reponn yo, "M pa gen lajan." Yo rele l 'mantèz'"

"Ou zanmi ak fanm blan sa a. M si li ba ou tout kalte kòb."

Yo wè Krista kòm lajan manje yo. Yon etranje. Men Krista se on moun menm si li blan. Laurenne renmen Krista. E se lanmou ki fè lafanmi.

Laurenne ap mache nan mache a, lè on gwoup blan pase chita dèyè moto yo. Li sonje Krista, zanmi li an ki abite anwo tèt mònn nan.

29

HUNGER

Eldet

Even the sun isn't awake as Eldet rubs his bleary eyes and yawns, waiting to get his family's water for the day. He is shorter than most in the long line that weaves along the parched earth, all waiting with empty buckets or bottles. The bucket swings from his hand as he listens to the tired chatter around him. The sun rises and lightens the valley bit by bit and Eldet blinks in the new day, his stomach already churning, hunger lingering from the night before.

His mom is gone for the week, visiting their old house in the countryside and tending the garden. He misses their old home in Fon Kochon, but he knows his mom had them move into town for school. He wishes she was here to hug him and say that everything will be okay. Maybe when she's done tending to the garden she'll bring back fresh vegetables and fruits for them to eat. He hates to see his siblings suffer. He wishes he was bigger, he wishes he was an adult, so that he could help them more and give them all the food they could ever want.

He gets back to their house later than usual, the bucket of water heavy in his tired hands. His siblings are up and a light breakfast is on the counter. Some rice and a red sauce. A late breakfast usually means being late to school, but today they rush down the street together. They are early, claiming their favorite seats on the edge of the benches so they can lean against the concrete wall when they get tired even though their sweat makes the paint stick to their skin. Their teacher, Jean, collects their homework before starting the new lesson.

29

GRANGOU

Eldet

Menm solèy la pa te ko leve, lè je Eldet klè. L ap baye, men li konnen fò l al chache dlo pou fanmi an. Li pi kout pase anpil nan lòt timoun yo ki pral nan dlo ansanm avè l yo. Y ap mache youn dèyè lòt ak bokit yo, ak galon yo nan men yo. Y ap pale. Tanzantan solèy la vin pi wo sou tèt mòn nan. Eldet bare je l nan solèy la ak yon men. Bokit la nan lòt men. Vant li deja ap bouyi ak gaz, ak grangou ki la depi yè ladan n.

Manman l p ap la pou yon semèn. L al voye je sou lòt kay yo genyen andeyò a. Se la janden yo ye, fòk li ale pran swen jaden an. Eldet sonje lòt kay yo genyen nan Fon Kochon an, men li konnen manman l te di fòk yo al abite lavil pou yo ka ale lekòl. Li swete manman li te la pou ankouraje l, fè l sonje sa pa pi mal, pou li pran pasyans. Petèt lè manman l tounen, l ap pote sa l jwenn nan jaden an, l a pote provizyon, yo a gen dekwa manje. Eldet pa renmen wè lè lòt timoun yo ap soufri grangrou. Si li te pi gran, si li te granmoun li t ap fè sa l konnen pou l jwenn manje ba yo.

Li tounen sot nan dlo ta jodi a. Bokit dlo a lou pou li. Lè li resi rive, li jwenn timoun yo ap manje on bagay. Yon diri ak yon ti sòs tomat. Li tèlman ta li konnen y ap anreta lekòl jodi a. Men se pa fòt yo, li te ta lè yo resi jwenn yon bagay pou yo manje. Yo kouri pare yo kanmenm, kouri al lekòl. Yo rive bonè. Yo jwenn plas pou yo chita tou kole ak mi yo. Lè yo fatige y a apiye nan

At recess kids with money buy snacks and lunch. A group gathers to play football, kicking around the spotted ball on the field, or a teacher might come out to talk about nature and the world around them. Eldet listens with rapt attention to the talk about bugs and trees and the circle of life. The lesson distracts him from his empty pockets and empty stomach.

Eldet didn't eat lunch at school, and today is Tuesday, which means no dinner back at home. They only have dinner on Monday, Wednesday, and Friday when money is tight. Working on homework is a good distraction from the gnawing hunger. Maybe his mother will bring back some food from their garden soon. Maybe a neighbor will help.

They clean their uniforms with some precious water, wiping off dust and sweat spots before hanging them up to dry. The teacher can kick them out of class for dirty uniforms, and that is one thing they cannot afford. As their mother says, school is the way to make their own life. Eldet and his siblings sit in kitchen and share stories, laughing under the single lightbulb.

They lie down before they're tired, curling up on old clothes and blankets on the floor, trying to let sleep take over their hunger. Hunger can wait until morning.

mi an, menm si kal penti a ap kole sou kò yo. Mèt Jean ranmase devwa yo anvan l kòmanse fè klas.

Nan rekreyasyon, timoun ki gen kòb achte fridòdoy pou yo manje. Yon gwoup ap jwe foutbòl. Gen defwa enstriksyon kontinye menm sou lakou rekreyasyon an. Gen de pwofesè ki konn pwofite rekreyasyon pou yo kontinye anseye. Yo konn pale sou lanati, monn lan. Eldet toujou met zorèy li fen pou l koute. Sitou lè konvèzasyon an se sou pye bwa, ensèk, jan tou sa ki nan lavi, tou sa ki nan lanati konekte youn ak lòt. Lè konsa, li pa gen tan pou l panse li pa gen senk kòb nan pòch li osnon jan l grangou.

Eldet pa manje lekòl la, epi jodi a se madi ki vle di li p ap jwenn manje lakay li nonplis. Yo fè manje lakay li lendi, mèkredi ak vandredi. Lè l ap fè devwa li pa gen tan pou panse a grangou. Petèt manman li ap tounen ak yon bagay soti nan jaden an. Petèt yon vwazin a ba yo yon bagay.

Yo lave inifòm yo ak ti dlo ki genyen an fwote kole a pou retire kras, fwote anba bra a pou retire sant swè, rense yo, mete yo seche. Pwofesè mete ou deyò nan klas si inifòm ou pa pwòp. E yo pa ka kite pwofesè mete yo deyò pou inifòm sal. Manman yo toujou di yo se lekòl la ki pou retire yo atè a. Eldet ak lòt frè l, lòt sè l yo chita bò tab la ap bay blag, rakonte istwa, griyen dan. Chanm kay la gen yon sèl grenn anpoul limyè.

Anvan yo twò fatige yo ranje kabann yo. Sa k kabann lan se yon pil ranyon ak moso rad ki kouvri ak yon vye dra atè a. Yo lonje kò yo pou yo eseye dòmi pou yo bliye grangou yo. Grangou a ka ret tann demen maten.

30

NEW HOME

Roseline

Without warning, Roseline's father drives her to the town of Cayes one Sunday.

"I don't know how to braid your hair." He says, his tired eyes blink towards the road ahead, avoiding her questioning eyes.

"I'm not good at that sort of thing. That was your mother..." Both of them sweat in the produce truck, neither quite sure what to say since nothing will fix the past.

"You need a mother." He clears his throat, fingers clenching around the steering wheel, "Your cousin Mina just became a mother..."

Roseline's new home is huge. Its many windows look like eyes—they are dark, barely whispers in the fading light. Some eyes flicker with candlelight out of sight, blinking at her, watching the new addition to the complex walk up. Every family has two rooms of their own in the house—a different world all their own except in the common areas, like the kitchen set up on the front porch with bubbling pots over fire pits.

Roseline sleeps in the outer room on the floor, while Mina and her husband sleep in the inner room. Sweep, wash dishes, make food, watch the baby. Alone. Roseline feels small, smaller than usual as she cannot even look out the window yet. The broom is taller than she is.

Mina smells like nail polish and hairspray and when she comes home late she smells like beer. Her hair is always slicked back in a tight bun. Pulled so tight she imagines Mina's face must

30

NOUVO KAY

Roseline

San li pa avèti l, papa Roseline pran li, mete li nan machin mennen li Okay yon jou dimanch.

"M pa kapab penyen tèt ou," li di Roseline san li pa voye je gade l, epi pou ti fi a evite l poze kesyon.

"M pa fò nan bagay sa yo. Se manman w..." Yo toulède ap swe, tèlman li cho nan kamyon an, e yo pa konnen ki sa pou youn di lòt sou koze a.

"Ou bezwen on manman." Papa Roseline grate gòj li, men l sou volan byen di. "Kouzin ou Mina fèk fè on pitit..."

Nouvo kay kote Roseline al rete a gwo. Kay la gen anpil fenèt. Fenèt yo tankou grenn je. Yo tou nwa. Apèn si ou wè on ti kras limyè nan fenèt yo nan fènwa a. Se yon kay chanmòt ki gen plizyè fanmi ki abite landan. Chak fanmi rete nan de chanm kay. Chak fanmi ap viv nan monn pa yo eksepte lè yo nan gwo koulwa long nan ki pase devan pòt tout kay yo. Se menm koulwa sa a ki sèvi kòm kizin. Alòs, kizin tout moun devan pòt kay yo nan gwo koulwa a. Chak moun gen chodyè manje pa yo, sou dife pa yo, nan kizin pa yo ki nan koulwa a.

Roseline dòmi atè nan sal devan an. Mina ak mari l dòmi nan chanm nan. Bale, lave asyèt, fè manje, gade ti bebe. Poukont li. Roseline santi l piti. Li piti vre paske menm fenèt la pi wo pase l. Ata bale a pi wo pase l.

Mina toujou santi bon. Zong li byen klere ak

hurt. Mina is tall and she is the most beautiful person Roseline has ever seen.

Roseline sees the neighbors in the hallways, passing by with a smile or a word. Olivia is her favorite. Olivia is big and warm and soft. Everything about Olivia is big. Big laugh, big hands, big eyes, big hair. Sometimes when Olivia comes back from work she brings back a pair of shoes or a dress for Roseline. Olivia lends her soap to wash herself in the river. When Roseline fetches water she gathers extra for Olivia too. Olivia brushes Roseline's hair with gentle hands, and Roseline imagines Olivia's happiness passing to her with each brush stroke.

Olivia's laugh is a big, loud laugh that Roseline imagines would shake the walls around them. Roseline laughs with her, trying to imitate it. Olivia is tall. Roseline doesn't even pass her hips. She is a tower of stability. Olivia's hug engulfs Roseline in a sea of warmth and belonging. She never wants to leave. She never wants Olivia to leave, the way her father did.

Roseline goes out on the porch with Olivia, watching the world pass by, moto by moto, as they make dinner together, stir by stir. Olivia has Roseline crush spices or peel carrots while they tell each other jokes. Olivia says silly things just to make Roseline laugh.

The world feels whole again when she is laughing with Olivia.

kitèks. Tèt Mina toujou penyen an chou. Dèfwa Roseline konn mande tèt li poudi figi Mina pa fè l mal pou jan chou sa a sere nan tèt li. Pou Roseline, Mina se pi bèl fi ki genyen.

Roseline wè vwazen yo ak vwazin yo lè y ap pase nan koulwa a. Genyen ki fè ti souri lè y ap pase. Genyen tou ki di bonjou. Olivia se vwazin li pi renmen an. Olivia gwo, li gen bon tanperaman. Tout bagay kay Olivia estravagan. Olivia gwo, li ri fò, li gen gran zye, li gen anpil cheve. Gen defwa lè Olivia sot travay li konn pote on bagay fè Roseline kado—yon rad, yon pè soulye. Olivia menm konn prete l kado savon twalèt li lè l pral ben larivyè. Lè Roseline al nan dlo tou, li toujou pote dlo pou Olivia. Olivia konn pase men nan tèt li. Lè kon sa Roseline kontan. Lè Olivia ri menm mi kay la tranble, tèlman li ri fò. Dèfwa, Roseline konn pran ri avè Olivia, e li menn konn imite jan mamzèl ri. Olivia pi wo lontan pase Roseline. Olivia te tankou on manman pou Roseline. Lè Roseline ak Olivia, li santi li byen, li santi l an sekirite. Li pa ta janm vle Olivya ale, jan papa l te fè a.

Roseline ak Olivia sou galri a nan koulwa y a ap fè manje. Y ap gade monn lan k ap pase, moto pa moto, moso pa moso. Olivia bay Roseline pile epis, kale kawòt, pandan y ap bay blag. Youn ap fè lòt ri.

Tout bagay anfòm lè Roseline ap ri ak Olivia.

31

MINA

Roseline

Three months of tired eyes, clean pots, sore feet, feeding the baby, darkening bruises, sweeping the floors, dusty hands—until one day Roseline hears yelling outside. The yelling itself isn't strange, it's normally loud out on the street outside their window with all of the busy people and squealing tires, but this seems different somehow. She slows her sweeping as she tries to listen

Someone bursts into the room, a neighbor she's seen but never met. He freezes, staring at her, as if unsure why she's standing in her own room.

He points outside, "Mina bit someone's ear off."

Roseline blinks and the man is gone, running to join the crowd for the spectacle of the day. Walking outside, she squints with the sudden light of the noon sun, taking in the circle of people in the street surrounding two figures. One is hunched and crying, clutching the side of her bloody head. The other is screaming, reaching for the hunched woman with clawing hands, but someone has grabbed her around the waist, trying to hold her back. The screaming one is Mina. Roseline shudders and backs away instinctively. There is blood on Mina's teeth and fire in her eyes. She doesn't know who the crying one is, but there is blood dripping from where her ear is supposed to be.

Roseline feels sick. The crowd murmurs and gossips around her.

"What happened?"

31

MINA

Roseline

Twa mwa fatige, twa mwa toujou ak dòmi nan je. Twa mwa ap lave asyèt, foubi chodyè, pye pousyè, bay ti bebe manje, mak sou po, bale kay—jiskaske gen yon jou k rive lè Roseline tande on pale fò deyò a. Pale fò a pa vle di yon pakèt bagay. Toujou gen pale fò anba fenèt la ak moun k ap pase monte desann, bri machin, bri machann. Sa a se pa t tout pale fò. Pale fò sa a te diferan.

Gen on mesye ki kouri antre anndan kay la, yon moun li pa t konnen. Mesye a kanpe nan mitan kay la. L ap gade Roseline kòmsi li ta vle mande manmzèl ki sa w ap fè lakay mwen.

Mesye a lonje dwèt li nan lakou a, epi li di, "Mina mòde zòrèy on moun."

Roseline pa menm gen tan bat je l, mesye a disparèt. Li ale jwenn rès moun yo ki ap asiste espektak lobèy la deyò a. Lè Roseline li menm sot deyò a, solèy midi a te tèlman klere, li blije bare je l ak men l pou li ka wè sa foul moun sa yo ap gade. Li apèsi yon moun ki akoupi atè a k ap kriye. Moun nan kenbe on bò tèt li. Yon lòt ap rele. Moun k ap rele a se Mina. Yon bann moun kenbe Mina ki bezwen al fonse sou madanm ki akoupi a atè a ap kriye. Bouch Mina tou wouj ak san. Lè ou gade je l ou wè li move kouwè on kong. Roseline pa konn madanm k ap kriye a, men li wè san ap koule nan bò tèt li. San Roseline tresayi.

Roseline pa santi l byen nan mitan espektak sa a,

"Mina bit some girl's ear off."
"I heard she's the ex-wife."
"A not so ex ex-wife."
"Everyone but Mina knew."
"Now she knows."

Mina breaks away from the hands holding her and runs for her house. Hands reach but only grasp the empty air. Everyone stares. Police sirens echo down the street. Roseline hesitates, then follows Mina inside, quietly watching her change her bloody clothes. Roseline isn't used to seeing Mina so frantic, so unsure. Mina is scary, powerful, and as her fists and screams always told Rosline, she is always right. Roseline tries to disappear. Mina doesn't notice, tucking in her blouse and looking at herself in the mirror. She checks her polished nails.

But Mina notices the police coming in. Roseline shrinks even more, expecting a fight, resistance, more blood—but Mina just holds out her hands. The police handcuff her and lead her out. As she walks by, Roseline could swear she sees tears in Mina's eyes.

Mina's husband stops by to give Roseline food every day or so, while Mina is away in jail. Roseline is alone with the baby. The formula in the bottles spills over the baby's lips and drips on Roseline's arm. A baby caring for a baby. Olivia helps sometimes when she is not working. Roseline waits. Waits for her father. Waits for Mina to come back. Waits for something to change. Biding time.

Months of sleepless nights later, Mina's husband takes the baby away to join his new family. Just a shadow in the door frame, he turns and says, "Get away from Mina. She's no good for you," before swirling out into the real world of

ak tou foul moun sa a k ap pale fò, k ap pale san rete.

"Sa k pase la a?"

"Mina mòde zòrèy on fi."

"M tande li se ansyen madanm nan."

"Yon ansyen madanm ki pa ansyen madanm tout bon. Ou konprann..."

"Tout moun te konnen, eksepte Mina."

"Enben, kounyeya li konnen."

Mina rale kò li nan men moun ki te kenbe l yo, epi l kouri rantre nan kay la. Pesonn pa ka kenbe l. Tout moun ap gade. Sirèn lapolis ap vanse. Roseline suiv Mina andan kay la. L ap gade Mina k ap retire rad sou li a ki benyen ak san. Roseline pa abitye wè Mina ajite kon sa, li pa konn wè Mina pè kon sa nonplis. Li konnen Mina pa piti. Mina renmen rele sou moun. Mina vle se li ki toujou gen rezon. L abitye avè l. Roseline fè ti kò l dousman. Mina ap abiye l, gade l nan glas, men li pa wè Roseline k ap gade l.

Men Mina tande bri machin lapolis yo k ap pwoche. Roseline fè ti kò l pi piti toujou. Li konnen deblozay sa a pral pi grav. Mina pa fasil. Jwèt la make san. Men, Roseline gade li wè Mina soti al jwenn polis yo epi li lonje men l ba yo. Polis yo mete menòt nan bra Mina, epi yo kondi li ale nan machin nan. Lè Roseline voye je gade Mina pandan l ap pase, se kòmsi ou ta di li wè Mina ap kriye.

Pandan Mina nan prizon an, tanzantan mari l pase nan kay la lage on ti manje. Roseline nan kay la poukont li ak ti bebe a. Li okipe ti bebe a sou konn se manman li. Li ba li bibon, benyen l, elatriye. Men tou, se on timoun k ap leve yon lòt timoun, k ap pran swen yon lòt timoun.

dust and noise.

Roseline has nowhere else to go.

Lè Olivia p ap travay, li bay ti kout men. Roseline la ap tann. L ap tann pou papa a vin chache pitit li. L ap tann pou Mina tounen. Tan ap pase.

Apre plizyè mwa san dòmi, mari Mina vin chèche pitit la. Anvan l ale, pandan li nan pa pòt la, li di, "Soti kò ou anba Mina tande. Li p ap bon pou ou si ou rete." Apre sa, se do li Roseline wè ki prale.

Malerezman pou Roseline li pa gen ankenn lòt kote pou li ale.

32

CONFRONTATION

Roseline

Washing her clothes in the afternoon buzz of gossip and flies, Roseline wipes the sweat from her brow, leaving a smear of soap on her forehead. The river is cool and her fingers linger in the water, watching the soap bubbles float downstream where others are also doing laundry. A couple of women huddle under the shade of the one scraggly tree, laughing and talking loud enough that Roseline can hear everything.

Roseline had asked Mina for soap that morning, but between the yelling and throwing a spoon at her head, she had assumed Mina wasn't going to give her any. Even though sixteen years have passed, she still feels like a helpless four year old around Mina. She smiles, remembering Olivia's laugh when she asked for some soap. She pressed the little bar of soap in Roseline's hand, clasping her hands on either side, and asked Rosline to leave a little for her so Olivia could clean her own clothes.

"Roseline!" Roseline turns, still crouching by the river's edge, to see Mina running toward her with clenched fists. Her normally slicked back perfect hair is all fly-aways, and her beautiful face is tainted by the fury in her eyes. Roseline stands and looks around, not sure where to go. "I TOLD you not to leave the door open!" Mina's screams draw everyone's attention. People are staring.

Roseline runs.

Mina chases after her and she lashes out with her manicured nails whenever she gets close enough. Roseline scrambles away. She slips on the soap-bubbled river rocks. As she

32

KONFWONTASYON

Roseline

Roseline al lave rad li larivyè yon aprèmidi. Plen lòt moun k ap lave larivyè a tou. Moun yo ap pale, mouch ap vole, men sa Roseline ap fè se sa l ap okipe. Solèy la cho, men dlo larivyè a fre. Gen de twa medanm ki chita anba yon ti pye bwa. Y ap ri, y ap pale. Roseline ka tande tou sa y ap di.

Pou Roseline te ka al lave, li te oblije mande Mina lajan savon nan maten. Pou jan Mina te reyaji, Roseline pa t sèten li t ap ba li lajan pou l achte savon an. Mina rele sou li, li voye yon kiyè bwa dèyè Roseline, li joure tifi jiskaske li pa kapab ankò. Malgre Roseline gen sèz lane, Mina trete l sou konn yon timoun piti. Roseline souri lè l sonje jan Olivia te bon avèk li. Olivia toujou ba l savon lè l mande li. Menn si savon an piti, Olivia ba Roseline ladan l, menm si li di Roseline kite on ti bagay pou mwen pou m lave rad pa m.

Roseline chita bò rivyè l ap lave. Li te lwen, lè li tande yon vwa k ap rele non byen fò, "Roseline, Roseline?" Lè li vire li wè Mina ap mache sou li byen move, cheve l gaye. Roseline kouri leve, li pa konn si pou l kanpe, si pou l kouri. "M pa t di ou pa kite pòt la louvri!" Mina tèlman ap pale fò, moun kòmanse sanble, vin gade espetak.

Roseline pete on kous kouri.

Mina pran kouri dèyè li kòmsi se yon moun fou. Chak fwa li eseye kenbe Roseline, li grafouyen l ak zong

passes squatting neighbors with their own laundry loads, Roseline glances over her shoulder. She sees Mina scream. It's a frenzied animal scream as she runs past the scraggly tree.

They both see the machete abandoned under the tree. Mina grabs the handle and Roseline can see her throw it.

Desperation pushes Roseline to run faster. As Roseline turns she feels the blade tear into her leg and she stumbles, falling to the ground. Warm blood pours down her calf and mixes with the pebbles and dirt. Roseline lays on the rocky ground, trying not to scream as she sees Mina sprinting towards her. Roseline closes her eyes and curls up into a ball, grasping at her wounded calf, trying to hold it steady. She waits for the kicks to start, but instead she hears Mina scream in frustration. She opens her eyes to see that men are holding Mina back.

"You're not a real parent," one older man says, his scarred hands grabbing Mina's arm with a sturdy grasp. Roseline recognizes him as a neighbor from their building. "You can't throw machetes at children."

Another man comes over to Roseline with an old rag he pulls from his pocket. He smells like fish and the salty sea. He ties the rag around her leg to stem the bleeding, trying to calm her down, "You're safe now. You'll be alright." She tries to reach down, but her hand is shaking and weak. She lays back down and closes her eyes, her fingers quivering in the dirt.

The man puts Roseline on the back seat of a moto. She clenches onto the driver with failing fingers. As they drive, swerving around potholes and children, Roseline looks down through the haze and can see a flash of bone under the twisted rag. She feels sick and looks up, but the world seems to pull farther away.

Roseline feels the table they place her on. Someone cleans her leg; she cries out when they press and dab the exposed and bleeding flesh. Hushed tones with the doctor, glancing at Roseline

li, men li pa rive met men sou li. Roseline kontinye kouri, li glise sou wòch yo, li janbe lòt moun ki te bò rivyè a ap lave. L ap kouri, men tanzantan li vire gade pou l wè ki kote Mina ye. Mina anraje, l ap rele epi l ap kouri dèyè Roseline. Mina rive bò yon pye bwa bò rivye a, epi li kanpe. Ni li ni Roseline wè yon vye manchèt ki te atè a. Roseline wè lè Mina bese pou l pran manchèt la.

Se santi Roseline santi kout manchèt la pran li dèyè janm li. Roseline tonbe atè a. San ap ponpe sot nan janm ni. Lè l gade li wè Mina ap vin sou li atè a. Li fèmen je l. Li akokiye atè a epi la p tann pou Mina kòmanse pran li ak kout pye. Mina ap pwoche. Lè Roseline resi louvri je l ankò, li wè on bann gason ki kenbe Mina.

"Se pa manman ou ye Mina?" Youn nan mesye yo ki kenbe Mina mande l. "Ou pa kapab ap voye manchèt dèyè timoun." Lè Roseline leve tèt li gade, li wè mesye a se youn nan moun ki rete nan menm lakou avèk yo.

Youn lòt nan mesye yo, yon pechè pwason Roseline konn wè, apwoche Roseline epi li rale yon moso twal nan pòch li epi li mare kote Roseline blese nan janm nan. "Pa enkyete ou, Mina pa ka fè anyen kounyeya." Roseline eseye kanpe, men li twò fèb pou li kanpe sou pye a. Li rete atè ak je l fèmen, men l ap kriye, l ap tranble.

Mesye a mete Roseline dèyè yon moto. Roseline te tèlman fèb, men kenbe li pa t ka kenbe chofè moto a. Moto a ap vire, tounen pou l evite twou ak timoun nan wout la. Roseline pa santi li byen menm. Lè li resi gade janm li, li ka wè zo pye a kote kout manchèt la te pran l lan. Li santi l prèt pou l endispoze. Roseline sonje lè yo rive lopital la avè l. Gen yon moun k ap netwaye blese. Se pa ti rele Roseline rele. Li fèmen de je l.

Lè li reveye, li wè l sou kabann lopital. Yo bande

as she bites her lip and tries not to cry. She closes her eyes.

When she wakes up she is laying in a hospital bed, bandaged and sore. The sun is blinking through the window shades in thin strips on her sheets. Olivia is sitting by her bedside with a little bag of food, and smiles when she sees Roseline awake, laying out the food like a feast on her bed sheets.

"Mina is in jail again."

Roseline can breathe. She is safe. Roseline longs for her father, who she has called many times in the last few months, begging for him to take her away. A tear escapes and lands on her hospital pillow. Olivia cups Roseline's face, drying her cheek with a calloused thumb.

pye a, men li gen doulè. Li ka wè reyon solèy la k pase nan fant fenèt la sou dra ki kouvri l la. Li fè on ti fèmen je l ap panse ak tout bagay ki sot pase yo. Lè li louvri yo ankò, li wè Olivia kanpe bò kabann lan. Li gen on ti sèvis manje nan men l. Olivia kontan wè Roseline reveye. Li pase men nan tèt Roseline epi li sèvi Roseline manje sou konn yon prensès.

"Yo met Mina nan prison ankò."

Roseline pran souf. Anfen li an sekirite. Roseline sonje papa l. Li anvi wè papa l. Roseline gen plizyè mwa l ap mande papa l pou li vin chèche l. Dlo ap ponpe nan je l. Olivia gade l, li pase men nan kou l, li siye je l.

PART 3: DREAMS

PART 3: RÈV

33

THE RAIN

Monette

Warm rain. Pouring down, drenching the thirsty dirt, it finds its way everywhere. Growing into puddles and streams, the rain keeps coming. The mud squeezes its way into the grooves of tires and shoes, the lack of traction makes driving an adventure. As Monette gathers her papers and clambers onto the back of Rodrigue's moto, she sighs. This rain is a curse for her preschool students. The town of Te Wouj is scattered throughout the mountain and countryside. This is their first school. Half of the students come in from across the river, from other communities far from city schools

The normally manageable and knee deep river is full and unyielding today. Monette's preschool students will never be able to cross it when it is twice their height. Their families probably saw the downpour and refused to let them go. They will be gone for who knows how many days until the river calms down. Home, safe and dry.

Monette has to climb and slide down the steep and now muddy mountain into the valley. Drenched goats bleat at Monette as she slips down the muddy rocky path to the jungle trail that twists through trees and puddles before finally reaching the river.

The river water comes up to her chest, soaking her clothes all the way through. The river water is chilly, but the rain and air above her is warm and welcoming. She lifts her school bag over her head and hopes for steady feet that will lead her safely over the slippery and uneven stones. The pressure of the water current seems to slip beneath her feet as she tries to find purchase.

33

LAPLI A

Monette

Dlo lapli a tyèd, l ap koule rantre nan tè sèk la, dlo gaye toupatou. Lapli a ap kontinye tonbe, fè gwo ma dlo, rigòl anvayi. Labou ap rantre nan soulye ak nan kawotchou machin yo. Machin yo pa kapab mache byen, yo kole nan labou a. Monette oblije ranmase afè l, tout papye l, tout dokiman li. Li reziyen l, epi li moute dèyè moto Rodrigue la. Lapli a se yon malediksyon pou timoun piti ki pral lekòl yo. Lekòl Ti Wouj la chita nan yon zòn kote tout kominote a gaye, epapiye pasi pala. Timoun ap soti toupatou, travèse larivyè pou yo rive. Se premye lekòl ki janm genyen nan kominote a.

Dabitid, malgre dlo rivyè a bay nan jenou, yo konn travèse l san poblèm. Men jodi a li pa posib ditou. Elèv Monette yo p ap kapab travèse jodi a, paske rivyè a fè de fwa otè timoun yo. Fanmi yo wè ak lapli sa a, se kenbe timoun yo lakay yo. Yo pa konn pou konbyen jou lapli sa a pral dire. Pito yo rete lakay yo an sekirite, tan pou y al mouye nan lapli, fè dlo bwote yo ale.

Monette oblije monte epi desann yon ti mòn plen labou anvan li rantre nan yon ti plenn. Monette ap travèse nan mitan labou a. Li pase devan yon kolòn mouton, pase nan mitan rak bwa pou l rive jwenn wout devan rivyè a.

Dlo rivyè a rive jouk nan lestomak Monette. Tout sa ki sou li mouye nèt. Dlo a frèt, men lè a cho, kidonk, li pa santi l twò mal. Li mete valiz la sou tèt li, li pran

Sometimes other teachers help and hold her up as she walks. The river seems to want to swallow her down and under with every step she takes.

Emerging on the other side, inch by inch her body rises from the rapids and she clambers up the muddy slope of a shore to the raised embankment. Monette stops for a moment, breathing deeply as she watches older students and teachers cross the river. The sounds of the pounding rain and relentless river merge, the onslaught of water overwhelming her senses. She blinks heavily and quickly as raindrops drip over her eyelashes and eyes, turning toward the path again.

She walks up the steep mountainside, practiced feet finding rocks that are not already covered in mud. The torrent of rain cools the normally hot day but is warm on her skin. It pours down the mountain path past her like a stream and weaves around the stones she walks on.

As Monette reaches the top and she crests the ridge, she is struck by the sight of the Te Wouj school, her school. Her heart seems to swell inside of her out of love for such a beautiful school. She walks up to her classroom, takes off her shoes that are now caked in mud, and leaves them outside the door under the covered porch. She smiles at the sight of her students' shoes that are already scattered near the door. She walks in, bare feet slipping slightly on the bit of red mud that has already made its way inside.

Her class is small today. The half that remains smile and laugh at her soaked appearance. They live on the mountain and don't have to cross the treacherous river. Monette greets her students, her clothes and hair dripping water like a mini rain cloud.

"Hello boys and girls!"

ekilib kò l, l ap priye pou l pa glise nan wòch ki anba pye l yo. Fòs dlo a ap vin pi fò, Monette ap eseye kenbe. Gendefwa, lòt pwofesè yo konn ede l travèse. Chak kote l mete pye l se kòmsi larivyè a sanble li vle vale l jodi a.

Li bat, li bat, li bat pou l fini soti nan dlo a. Li mache nan labou a pou li monte sou yon ti pant pou li al kanpe sou yon wòch galèt. Monette fè yon ti kanpe pou l pran souf, l ap gade lòt elèv ak pwofesè k ap travèse yo menm tou. Se kounyeya lapli pran tonbe. Rivyè a monte pi rèd. Monette santi li pa kapab ankò. Li bat zye l vit vit, tèlman dlo ap koule nan sousi l; li vire pou l kontinye wout li.

Li reziyen l kontinye mache, pye l abitye ak wout la, e li konnen kote pou l fè evite pase sou wòch ki pi glise yo. Lapli a rafrechi lè cho a, men tanperati a pa chanje. Pandan tout wout la lapli a ap kontinye tonbe.

Lè Monette rive nan tèt mòn nan li gade, li wè lekòl li, Ti Wouj anba a. Li pre rive. Kè l pran bat bip-bip, pou l wè bèl lekòl sa a. Li rantre nan klas li, li retire soulye yo ki plen labou, epi li kite yo deyò a sou galri a. Li kontan wè pil soulye elèv ki gen tan rive yo deyò klas la. Li rantre anndan klas la, pye atè. Gen labou tè wouj ki gen tan gaye nan tout atè klas la.

Pa gen anpil timoun jodi a. Mwatye elèv ki la yo ap ri lè yo wè l ak rad li tou mouye. Yo menm se nan mòn nan yo rete, yo pa gen pou travèse rivyè pou rive lekòl la. Monette salye timoun yo; dlo ap glise desann soti nan cheve l rive nan rad li.

Li di, “Kouman nou ye timoun?”

SHOES

Jacquelaine

On a blanket in dusty starlight, rubbing toughened, aching muscles, Jacquelaine dreams of shoes. Flip flops. Sandals. Straps. Heels. Yellow. Black. Red. Blue. With flowers or dots or words she cannot read. In her dreams, shoes line the street market, and she has all the time in the world to try them on and find the perfect pair.

Jacquelaine wakes to footsteps next to her ear and jolts from the ground as her aunt's silver pointed shoe jabs her ribcage. "Get up!" She barks.

Her aunt's plastic soles kick up dust as she leaves the small house. Jacquelaine folds her blanket and sets it aside in the main room where she sleeps, wondering when she will be able to go see her manman, Madame Gumel, again. With so many children, she knows that her mom cannot afford to have them all at home but living with her aunt made Jacquelaine miss her manman all the more.

As Jacquelaine sweeps the porch under the noon sun, her friend Carmecia walks up to her. They have spent many days together, exploring by the river, talking about boys and family, braiding each other's hair in the shade. Today Carmecia is wearing pink flip-flops. After small talk and smiles, the conversation fades to silence and Carmecia asks the same question she always does.

"Do you want to come to church with me?"

Jacquelaine's heart aches to say yes. She longs to go somewhere, to go out, to do something different. But she

34

SOULYE

Jacquelaine

Atè a sou vye dra Jacquelaine ap dòmi a, l ap reve. L ap reve soulye. Sandal fant zòtèy. Sandal. Sandal ak bann. Talon kikit. Jòn. Nwa. Wouj. Ble. Sandal ak desen flè, sandal a boul. Sandal ki gen bagay ekri sou yo menm si li pa ka li sa k ekri sou yo a. Nan rèv la, li wè yon bann ranje soulye nan mache a. Epi li gen tan pou al mezire, pou l jwenn youn ki bon pou li.

Se bri pye ak yon kout pye matant lan ba li bò kòt li ki reveye l atè a. "Leve tifi," matant li di l.

Anvan matant li vire ale, li gen tan ranmase rad kabann yo atè a al foure yo nan on kwen kay la. Sèl sa ki nan tèt li nan moman sa a, se ki lè l ap ka al wè manman li, Mandan Gumel, ankò. Li konnen manman l pa kapab okipe tout timoun li genyen yo. Se sa k fè li kay matant li. Men se sa tou ki fè l sonje manman li pi plis.

Pandan Jacquelaine ap bale galri a anba solèy cho a, Carmecia parèt sou li. Carmecia se bon zanmi li. Yo al larivyè ansanm. Youn penyen tèt lòt. Yo pale de tout bagay, ti gason k ap file yo, fanmi yo, elatriye. Jodiya Carmecia gen nan pye l yon sandal fant zòtey woz. Apre ti koze, griyen dan ant yo, Carmecia mande Jacquelaine si li vle al legliz avè l.

Jacquelaine ta renmen di wi. Gen de fwa li konn anvi fè ti sòti, ale on lòt kote, al fè lòt aktivite. Men li pa ka ale pye atè. Li panse moun ap gade l dwòl. Yo ka

doesn't want to go out without shoes. People would stare at her, she thinks. They would whisper and laugh behind their hands, especially since Sunday mornings are full of moms and daughters walking in crisp whites and laces and ribbons with shining high heels and glittering flats.

She can't say it, tears welling up uninvited and begging to be released with a single word—she shakes her head as she picks up the broom again, trying to turn away from Carmecia.

"Why, Jacquelaine?" Carmecia touches Jacquelaine's arm and steps in front of her, staring at her face with warm brown eyes

Jacquelaine shrugs, then her shame spills out unbidden. "I don't have any shoes," she says quietly, gesturing down at her dirty feet.

"Your aunt won't buy you any?"

"No."

Carmecia furrows her brow, lost in thought for a moment before smiling and saying, "I have a pair of shoes at home I never use." Jacquelaine looks up with wide eyes, and Carmecia laughs a little. "They are old and dirty, but you could clean them."

A pair of shoes all her own. The tears finally fall as Jacquelaine drops the broom on the ground and hugs her friend, who laughs as she pulls Jacquelaine into the street and toward her house.

They are black tennis shoes, caked in dried mud and dust and the lining is falling apart. Jacquelaine feels like she has to hide them as she walks to the river. She crouches and dips one of the shoes carefully into the water, rubbing the sides of the shoe with her fingers. Jacquelaine chips away at the caked-on mud with her fingernails, watching as chunks of dirt are swept away with the current. Each piece that floats away makes her heart feel lighter. After the mud is scrubbed away, Jacquelaine can see them shimmer with the dripping river water.

Jacquelaine brings the shoes home under her shirt, careful

menm ri, menm pale sou li sitou se on dimanch lè on bann manman ak pitit fi yo abiye byen bwòde ak soulye talon kikit yo byen klere.

Li pa di Carmecia anyen, men dlo kòmanse ponpe nan je li. Li rete tèt anba pou li di non epi li kontinye bale. Li pa vle Carmecia wè li ap kriye.

"Pou ki sa w ap kriye, Jacquelaine?"

Carmecia pran men li, epi li gade li nan je. "Pale avè m, zanmi mwen."

Jacquelaine reziyen li pou li di Carmecia sa k fè l tris la. Li gade pye li ki tou blanch ak pousyè. Li di Carmecia, "Mwen pa gen soulye pou m mete."

"Matant ou pa achte soulye pou ou?"

"Non."

Carmecia gade Jacquelaine pou on ti moman epi li di l, "Mwen gen yon pè soulye lakay la m pa janm mete."

Jacquelaine gade Carmecia. "Soulye a pa nèf epi li bezwen netwaye men ou ka netwaye l."

Pwòp pè soulye pa li. Se lè sa a Jacquelaine pran kriye. Li lage bale a atè pou l pase men nan kou Carmecia. Carmecia pran men Jacquelaine, epi yo kòmanse mache pou al lakay Carmecia. Soulye a se on vye pè tenis nwa. Li plen labou sèch anba semèl li, epi youn nan pye tenis yo kòmanse chire deja.

Jacquelaine pran yo pou l al lave yo larivyè a. Li lave vye tenis yo byen lave, retire labou anba yo. Yo te preske parèt tou nèf lè l fin lave yo. Jacquelaine sere yo anba kòsaj li lè l pran wout pou li al lakay li. Fò l fè atansyon. Li pa vle matant li wè pè tenis la. Lè tout moun al dòmi li pran tenis yo, pase luil sou yo pou fè yo klere. Si ou pa pre w ap panse yo tou nèf. Li lave pye l anvan l eseye yo pou li pa sal yo. Tenis yo nwa, yo gwo

not to show her aunt her treasure. After everyone is asleep, Jacquelaine gets up to shine them with vegetable oil. They almost look brand new if one doesn't get close enough to see the fraying edges and loose thread. She washes her feet in old dish water before trying them on, not wanting to sully the newness of it all. They are black, big, and sturdy, and she can wiggle her toes, and her foot slides a bit back and forth. But that's okay, that means there's room to grow. They are perfect.

The next Sunday Jacquelaine dusts the shoes one more time after putting on her best dress. Jacquelaine skips down the street with Carmecia as they walk to church, loving the sound of the clomp-clomp shoes on compact dirt. Carmecia laughs at Jacquelaine, who is so proud over her old shoes. Carmecia looks down and is surprised to see that the shoes practically look like new.

The service itself is a blur of clapping, singing, and a room full of sweat and restless legs. But Jacquelaine is elated to be among them. Her new-old shoes look as good or better than some of the others there.

On the way home Carmecia is quiet, but occasionally looks down at Jacquelaine's feet.

Jacquelaine is able to wear the shoes to the market that week. But walking home after haggling over fly-covered meat and lumpy carrots, she trips over a rock. She recovers but on her next step she hears and feels a flap. She looks down to see the sole on one of the shoes has become detached. It flops beneath her foot.

Carmecia comes by after a couple days of absence, and is strangely quiet.

They make circles in the dirt with their toes, sitting side by side, before Jacquelaine breaks the silence. "What's wrong?"

Carmecia stops drawing, and holds her breath, as if unsure and ashamed of herself and her resolution. "I want my shoes back," she says, staring at the ground.

epi yo parèt fò. Yo on ti jan twò gwo pou li men sa pa fè anyen. Gen plas pou pye l grandi ladan yo.

Lè dimanch rive se ak kè kontan Jacquelaine abiye l, mete tenis li nan pye l pou l al legliz ak Carmecia. Menm Carmecia pa kwè jan Jacquelain netwaye tenis yo. Carmecia kontan pou jan l wè tenis yo parèt nèf nan pye Jacquelaine.

Sèvis legliz la te yon melanj bat men, chante nan yon chanm ki fè cho kote moun ap swe. Men Jacquelaine te kontan la. Ak vye tenis pwòp li nan pye l, pi bon pase pakèt lòt moun nan legliz la. Li te fyè.

Lè y ap tounen sot legliz, yo pa pale men tanzantan Carmecia voye je l gade pye Jacquelaine.

Jacquelaine al nan mache a ak tenis li nan pye l tout semèn nan. Men yon maten pandan l ap sot nan mache li kilbite sou on wòch, li frape pye dwat li. Malgre li pa tonbe, lè li gade li wè semèl tenis la dekole.

Carmecia pase wè Jacquelaine de twa jou apre semèl youn nan tenis yo te dekole. Yo chita, yo pale. Men Jacquelaine ka wè Carmecia pa t nan nòmal li. Apre on ti tan, li mande l, "Sa ou genyen?"

Carmecia parèt on jan wont, li rete tèt anban. Finalman li reziyen l pou li di Jacquelaine, "M vin chache soulye a."

Jacquelaine santi kè l ap bat fò. Li santi on sèl pikotman nan kò l. Kouman li pral remèt Carmecia tenis la ak semèl dekole a. Li pran on moman anvan li di Carmecia, "M ap pote yo pou ou vè demen sidyevle lè m fin netwaye yo." Carmecia souri epi li sekwe tèt li pou l di l dakò.

Jacquelaine pa gen kòb pou l bay ranje soulye a. Nan apremidi, li travèse al kay manman l ki sou lòt bò rivyè a. Lè l rive, manman l kontan wè l. Li bo l epi li ba l

Jacquelaine feels her heart seize and her body feels like it's buzzing. She hesitates before saying, "I'll clean them first. I can bring them in a couple days."

Carmecia smiles, exhaling deeply.

Later Jacquelaine shakes as she picks up the now broken shoe. She can't give back broken shoes, but she has no money to fix them. Instead she takes the shoes to her mom's house on the other side of town. Her mom greets her with a hug and a meal of rice and beans. Jacquelaine is stuffed with food before she can tell the whole story. She can't help but cry again, her tiny shoulders shaking, because she knows her mom doesn't have a lot of money, but she doesn't know what else to do.

Her mom sits beside her and holds Jacquelaine in her arms.

"Little one, we can fix this," she says.

Jacquelaine's mother haggles with the shoe stall over how much it would cost to fix the tennis shoes.

In the morning her mother goes back to the stall to pick up the shoes, now whole again. Jacquelaine wakes up to the beautiful sight, hugging her mom tightly before running to Carmecia's house to return the shoes.

Jacquelaine is back to living with bare feet that grow dirtier as she works. Jacquelaine is cooking dinner when her mother visits with a mischievous smile. Jacquelaine stops stirring the pot as her mom pulls out a pair of pink flower flip-flops. Jacquelaine squeals. She sits down in one of the plastic lawn chairs that surrounds the dinner table. Her manman first wipes her feet with a wet rag before slipping the plastic between her toes. Jacquelaine scrunches her toes and the shoes flop up and down in the air. She likes the feeling of the plastic against the sole of her feet. They fit perfectly.

Her mom smiles as Jacquelaine dances around the room. She smiles because her daughter still thinks that a pair of shoes can determine one's future.

yon plat diri kole. Se lè Jacquelaine fin manje li kòmanse rakonte manman an koze soulye a. L ap kriye pandan l ap esplike manman an ki jan vye tenis Carmecia te prete la chire nan men l. Li konnen manman l pa gen kòb pou l ba li pou ranje soulye a. Li pa konnen ki sa pou l fè, ki kote pou l frape.

"Eben pitit mwen, fò nou degaje n pou nou chache ranje soulye a."

Manman Jacquelaine fè pri ak kòdonye a pou l ranje semèl soulye a.

Demen maten y al chache soulye a. Kòdonye a te fè on bon travay. Li koud semèl la byen. Jacquelaine bo manman l, li di l mèsi, epi li pran wout kay Carmecia pou li al remèt tenis a.

Jacquelaine te pye atè. Tank li mache se tank pye li vin pi blanch ak pousyè. Jacquelaine te nan kizin nan ap fè manje nan mitan jounen an lè manman l parèt sou li. Li ap gade manman ak tout kiyè bwa a nan men li. Manman l pa di anyen, li annik rale on pè sandal fant zòtèy woz lonje ba li. Jacquelaine sezi. Li bap li chita sou youn nan chèz plastik bò tab la. Manman l mouye yon moso twal, li siye pye Jacquelaine ei li mete sandal la nan pye l. Sandal la te mezi pye l.

Manman l senpman souri lè li wè Jacquelaine kòmanse danse ak kè kontan nan tout kay la ak sandal li nan pye l. Manman l kontinye souri. Li wè pitit fi l poko konn lavi a vre si l kwè se on pè soulye sèlman ki nesesè pou fè kè on moun kontan.

35

TIME

Patrick

Lines of bikes. Lines of possibilities. With gourdes in his pocket, Patrick can pick anything. He walks the line, feeling tires and handlebars, testing for the perfect fit. He picks the fastest bike—an adult bike. No more child seats and pink frills and training wheels. This one is black and sleek, with speeds, gears, and good tires.

"10 gourdes for an hour," the man with the watch says before taking all of the money Patrick owns. Patrick pushes away, barely listening, as the watchman marks something in his notebook.

The field is close, with no cars or motos to get in his way. It is flat. A clearing of brush, dirt, and rocks, surrounded by trees and jungle on all sides. Patrick rides in circles, going faster-faster-faster-turn sharp—don't fall!—he skids and dirt flies up as he stabilizes the bike, not stopping. He doesn't think he can smile any wider than he already is. His cheeks are starting to hurt.

He still has plenty of time.

There are a couple of hills he climbs, pushing his way up until he reaches the top. His breaths are deep and ragged as he looks down, the steep, packed dirt beckoning. He takes a sharp breath and pushes off down the hill, his feet lifting off the pedals that spin beneath him whir-clink-whoosh. His brand new flip flops sputter and flap through the air, his toes clenching so they don't fly away. He lifts his hands in the air, steering shakily with his knees, the front wheel wavering when it hits a hole in the ground. When he smiles the rushing air dries his teeth and mouth,

35

TAN

Patrick

Patrick ap gade yon ranje bisiklèt ki aliyen. Bèl bagay. Alazafè papa. Ak kèk goud nan pòch li, Patrick se wa, li ka chwazi nenpòt bisiklèt. Li enspekte tout bisiklèt yo. Li tcheke kawotchou, gidon, pou l wè sa ki t a pi bon pou li, sa li pi renmen pami tout pou l fè on monte. Li chwazi sa ki pi rapid la, yon bisiklèt pou granmoun. Li pa nan zafè bekàn ak twa wou pou timoun ankò, ak ti tenten klaksonn k ap sonnen nan gidon yo. Sa l chwazi a se yon bekann nwa, byen banda, ak bon jan vitès, chenn ak kawotchou. Mesye watchmenn nan di l, "10 goud pou inèdtan, si w vle fè on vire." Patrick bay tout kòb li te gen nan pòch li. Patrick rale bisiklèt la, li pouse l, li pa menm koute msye a ki t ap make a ki lè li derape, epi ki lè li dwe tounen.

Pis la tou pre, pa gen machin ni moto ki pou deranje l. Pis la plat. Sou tou de bò wout la, se pye bwa melanje ak wòch, melanje ak pousyè. Yon veritab raje. Patrick vire an won, pran de kous kouri vit, vit-vit, l ap fè yon seri gwo kout gidon, fè egzibisyon san rete—pa tonbe, non- li glise, manke tonbe epi li drese bisiklèt la san l pa kanpe. Li santi l ozanj. Li pa kwè l janm kontan kon sa. Tèlman l ap ri, figi l fè l mal.

Li gen yon pakèt tan toujou ki rete.

Li monte de ti mòn jouk li rive nan tèt mòn yo. Li on ti jan esoufle. Li voye zye l gade anba pou l wè pant li sot monte a. Li rale yon gwo souf, epi li pike desann

chilling and thickening his tongue.

I've got time.

Back to the field he turns, spins, and drifts as the burning sun passes overhead, a vague watch to tell time by. Patrick stops and squints up at the sky, his toes stretching down to touch the ground so the bike doesn't tip over. He should probably go back. Soon. But not now, he thinks as he pushes off towards the hills again.

He rides past the groups of children stopping their play to watch his bike lustfully, past the men drinking and laughing in lawn chairs, and rides up to the shack. He speeds up, getting that last burst of speed in before he reaches the dull green shack whose paint is chipping in swathes. Patrick passes the lines of bikes, most old or chipped or covered in dirt, and he slows to a crawl, his smile broken by the stern face of the watchman.

Patrick walks away without shoes. The new flip flops his mother had bought him two days ago. He hides at home, hides his dirty feet, not wanting to be spanked. He puts on his old fraying tennis shoes. His mother works out of the house and is too busy or tired to notice.

When his mother gives him pocket money again, Patrick goes back to the bike shop. He feels the tire treads, fingers lingering on the plastic grooves as he walks past towards the watchman. Patrick holds out the 5 goudes he owes, "I'm here for my shoes." The watch man looks at him for a moment before going inside the shack, made of planks and tarps and sticks. Patrick looks around at the other kids hovering around the treasure trove of bikes, desire burning in their eyes, he blinks up through the dusty sky at the seemingly stationary sun.

The watch man comes out with Patrick's blue flip flops, looking a little more used than he remembered, dirty and worn.

ak tout boulin. Li retire de pye l sou pedal bisiklèt la, l ap akselere. Sandal nan pye l yo tou nèf, men yo prèt pou voltije sot nan pye l. Li ranmase zòtèy li nan sandal la pou van pa pote yo ale. Li leve de men l anlè. Li lage de gidon. Jenou l pran tranble, wou devan an pran sekwe, epi li ateri nan yon twou. Li kontan pase sa w pa konnen. Li si tèlman ap griyen dan l, li rete ak bouch li gran louvri.

Mwen gen tan toujou.

Li tounen sou pis la, li vire, devire, panche kò l sou bisiklèt la. Solèy la cho sou tèt li. Li santi tan an ap pase. Patrick fè yon ti kanpe. Li bare zye l pou l gade solèy la. Li mete pye l atè, kon sa bisiklèt la pa al chavire. Li di tèt li fòk li ta rantre kounyeya. Toutalè. Pa kounyeya. Li rederape ankò, grenpe ti mòn nan.

Patrick ap kouri, li pase yon gwoup timoun ki kanpe ap gade l. Yo kite jwèt yo t ap jwe a tèlman yo eblouyi. Patrick kontinye degrenngole, pase devan yon gwoup granmoun ki chita ap bay blag, ap bwè, amize yo, griyen dan yo. Patrick ap tounen al nan vye kay la pou l remèt bisiklèt la. Li fè yon dènye kous kouri, l ap degaje dènye souf li gen nan lestomak li, pou l rive nan vye kay kraze ki pentire an vè ak yon vye penti ki ap dekale. Patrick fè yon dènye boulin, li pase devan yon liy bisiklèt kòlboso, sal ak pousyè. Patrick fè yon ralanti epi li parèt devan msye a ak dan l tou griyen. Patrick twouve l kontrarye tèlman figi msye mare.

Patrick ap tounen lakay li pye atè san sandal manman l te achte pou li yo sa pa gen de jou. L al kache pou manman li pa wè li pye kouvri ak pousyè, pou manman li pa wè li pye atè. Li pa vle manman l kale l. Li mete vye tenis chire li te genyen yo. Manman an twò okipe e li twò fatige tou pou l okipe Patrick osnon pou li

Patrick opens his mouth to mention this, but stops at the cold stare of the watchman. He pays for his shoes and starts to walk home, stopping at a bucket he sees in an alley to wash the dirt off his shoes. As the water washes over his hands and the weathered plastic, he looks up to see another boy ride by on the black bike.

ta wè Patrick pye atè.

Manman ba l yon ti kòb pou mete nan pòch li, Patrick kouri al nan shòp bisiklèt la. L al tate gidon yo, manyen kawotchou yo, pase men sou plastik ki kouvri syèj yo. Li ap gade msye watchmenn lan, epi li di, "mwen gen 5 goud, mwen vin pran sandal mwen yo." Msye gade l yon ti moman, epi li rantre anndan vye kay la, li al chache sandal Patrick yo nan mitan yon pil batanklan. Patrick li menm ap gade lòt timoun ki vin pou gade bèl bisiklèt. Je yo klere tankou solèy devan tout mèvèy y ap gade yo.

Msye a tounen ak sandal ble Patrick yo. Sandal yo on ti jan pi sal pi vye ke jan l te kite yo a. Patrick ale pou l di sa, men li reziyen l pou jan l wè msye ap gade l dwòl. Li peye, epi li tounen al lakay li. Sou wout la, li jwenn yon tiyo dlo, li lave sandal yo. Pandan l ap lave men l, li wè yon ti gason k ap pase sou on bèl bisiklèt nwa, klere-klere.

36

IN THE MILITON GARDEN

Eldet

Eldet Tine's two-room house is tucked deep in the mountains, shadowed in the valley, built out of the rocks that cover the land. Far from people, far from roads, far from markets. The same house the Tine family has lived in for years. Their little garden extends out with rows of vegetables and trees along its border. If there wasn't food trying to grow in the garden, Eldet imagined that he could play soccer there. Their neighbors have more land and more food, but the Tine land is all their own.

Neighbors said that the Tine's soil is no good, and that yams take six months to grow. But Eldet's family can eat their unripe yams with impatience and desperation after two months. Tiny yams, cabbage, and militon, all malnourished like the adolescent Eldet, but the family eagerly plucks the ripe-enough ones as the only meals for the family of six. They can't wait for growth and ripeness, with empty stomachs to fill and many miles to walk every week to reach neighbors and the market.

One day, like many others, Eldet wakes up to find that the family has no food. Eldet goes out to the garden with heavy, slow steps, walking along the edges and searching in all of the almost forgotten corners. There is nothing. They had picked it clean and eaten the buds and barely sprouted fruit and vegetables over the previous weeks. The plants are struggling to grow. Over-plucking and eating has left the garden a wasteland. Eldet's toes dig into a sun parched patch of soil, cooled by the long rest of night, feeling the dirt creep under his toenails and dusting his feet a lighter shade of brown.

36

NAN JADEN MILITON

Eldet

De pyès kay Eldet Tine yo fon nan mòn nan. Kay la bati ak wòch, tif yo jwenn nan zòn nan. Li pa pre lòt kay, li pa pre chemen an, li pa pre okenn mache nonplis. Kay la nan fanmi an depi dikdantan. Yo gen yon ti jaden pa dèyè kay la kote yo plante chou, pwa, berejèn, militon, elatriye. Yo plante pye bwa alantou tout jaden an pou klotire l. Si pa t gen jaden an, Eldet panse li te ka fè jwèt foutbòl li la. Vwazen yo gen plis tè, yo gen plis manje, men fanmi Tine yo konnen pa w se pa w. Tè yo si pou yo li ye.

Vwazen yo di tè Tine yo pa bon. Li pran twòp tan pou yanm grandi. Sis mwa se twòp.

Fanmi Eldet gen dekwa pou manje de tout fason. Menm si yanm yo pa fin bon nèt osnon yo piti. Se vre yanm yo piti, chou ak militon yo piti anpil, rachitik menm jan ak sis timoun nan kay la ki pa janm jwenn ase manje pou yo manje pou yo ta grandi byen. Men, fanmi an gen dekwa pou yo pa mouri grangou. Yo pa ka tann militon yo vin vèt pandan vant yo vid epi se mache yo gen pou mache yon bann distans anvan yo jwenn ak ni vwazen ni mache a.

Yon jou, menm jan ak anpil lòt jou, Eldet leve kay la blanch. Pa gen anyen pou manje. Eldet pase nan jaden, li fouye, li chèche. Nad marinad. Pa gen anyen. Yo te fin rekòlte, fin manje tou sa ti jaden an te bay. Pye Eldet poudre ak tè sèch jaden an.

He wakes up his younger sister, Jacquelaine, and brother, Patrick, to come out to look with him. They crouch to look under leaves, climb the trees, walk the rows and rows until they look at each other with wide, sad eyes. There is nothing to find.

Eldet and his siblings know that staying still keeps the hunger from spreading and making their minds dizzy. But for Eldet it also frees the mind with inactivity. Nothing to do. Nothing to eat. Nothing to think about but food and not being able to eat.

The long arc of the sun teases the children as they sit inside with nothing to do and nowhere to go. Eldet can't stay inside, where the heat creeps in through the windows and crowds him out of the rock walled room that seem to shrink and take his breath away. He walks to the garden and sits underneath the militon tree. The shade of the tree and its vines is cooler than the house, and he can rest his eyes and imagine the fruit growing above him, willing it to grow faster.

The militon seeds peeking through the vines and leaves are small and green, grann, inedible and bitter. He had seen them on his walk around the garden, but these will not be edible for another week at least. Maybe they can boil leaves and maybe his dad will be able to go to the market soon.

When the sun finally starts to set, he opens his eyes and walks slowly back to the house for another restless, hungry night. He talks with Jacquelaine and Patrick until they all fall asleep, trying to distract each other from their empty stomachs.

The next morning Eldet is one of the first to wake up. His mom is usually always the first, perpetually cleaning, thinking, and praying. But this morning he walks past her still sleeping form on his way to the garden. He goes out of habit and out of far-fetched hope. Eldet has a patch of cabbage that is his own. He waters it and watches over it. Every morning he checks on it. As he walks around the edge of their garden and begins to pass the militon vines wrapping along their stunted tree, he stops.

Eldet mande ti sè l la Jacquelaine ak frè l Patrick pou vin ede chache nan jaden an pou yo wè si yo a jwenn on bagay. Yo chache anba pye bwa, anba pye mango. Yo monte pye bwa, desann pye bwa. Youn gade lòt ak tristès. Yo pa jwenn anyen.

Eldet, frè l ak sè l, konnen lè on grangou fò sou ou, ou pa dwe bat kò w twòp oubyen w ap vin pi grangou. Epi, grangou bay tèt vire. Pa gen anyen pou fè, pa gen anyen pou manje. Eldet konnen tou lè grangou monte nan tèt ou se sèl a manje ou ka panse.

Solèy la wo nan syèl la. Li vin cho deyò a. Men yo anpile kò yo anndan kay la. Yo pa gen anyen pou yo fè, yo pa gen ankenn kote pou yo ale. Tank solèy la pi wo se tank anndan kay la fè pi cho. Eldet santi li pa ka rete anndan ankò. Chalè a ap toufe li. Se kòmkwa chalè a fè kay la vin pi piti. Li soti anndan an, l al chita nan jaden an bò pye militon an. Ti van k ap pase nan fèy pye militon ba l yon ti souf ak chalè a. Gen de twa ti militon wòwòt nan pye a. Yo piti, yo amè. Yo poko bon pou manje. L ap pran menm yon semèn anvan militon sa yo bon.

Li fè on ti fèmen je l. L ap mande pou pye militon an prese fè militon. Yon ti dòmi ale avèk li.

Lè solèy la kòmanse desann, Eldet louvri je l. Yo pral pase yon lòt nuit ankò san manje.

Li menm, Jacquelaine ak Patrick pale, bay blag pou eseye distrè yo pou yo pa panse a grangou jiskan dòmi pran yo.

Eldet te premye moun ki leve lan demen maten. Byenke se toujou manman l ki konn leve anvan pou l bale, netwaye, priye. Men maten an se Eldet ki leve an premye. Li pase akote manman an ki ap dòmi toujou pou l al nan jaden an. Li gen abitid al nan jaden, men li

The sky is just lightening and the sun had not yet peered over the mountain into their valley, yet he can see something different from yesterday. Bulging out between the leaves above his head are fully grown militon.

He blinks.

He steps closer, but they stay there, tucked in like sleeping newborns. Eldet reaches out, the tips of his fingers rubbing against the raised skin of the fruit that he can't believe is there. His heart quickens. He looked here yesterday, he's sure of it. His desperate eyes would've seen them in the full light of day. Yet here they are.

Eldet wraps his hand around the militon, which feels surprisingly full and ripe as he snaps the stem free from the vine. He stops staring and runs back to the house. He bursts through the door, seeing his siblings only just starting to rub their eyes in the shadows as he approaches his manman, who is sitting with her eyes closed and hands wrapped together in prayer at their kitchen table.

She opens her eyes as he steps closer, first glancing at his face, then down at his outstretched hands. Her eyes grow wide, and tears start falling as she raises her hands in the air, saying, "Thank you Jesus!"

She raises the fruit to her nose, smelling life and praising God. "God has blessed us."

"There's more," Eldet says, gesturing to his brother and sister as he runs back outside. They follow behind him, their eyes still a little crusted with sleep. The small tree, with militon vines growing all around and through it, seems to be glowing in the newly sprinkled sunlight.

Eldet smiles a little wider with every militon they find, the freshness of the morning mingling with the sharpness of the starchy vegetable.

konnen nan ki eta jaden an ye. Men li gen espwa. Gen kèk ti bagay nan jaden an se li ki plante yo tankou chou yo. Se li ki wouze yo, se li voye je sou yo pou bèt pa manje yo. Chak maten l al gade yo.

Lè li fin tcheke chou yo, l ap mache kite jaden an li voye je gade pye militon an. Li pa sèten sa l wè a se vre. Li panse se limyè solèy la k ap jwe ak je l. Li tounen al gade nan pye militon an. Sezisman. Lè li gade pi pre, li wè pye militon an chaje ak militon. Li fwote je l, li pwoche pi pre pye militon an, li leve je l gade pye militon an ankò. Se kòmsi militon yo la t ap tann li. Gen militon nan tout touf fèy pye militon an. Militon ki rèk.

Eldet apwoche pi pre toujou. Kouman li fè pa t wè yo yè. Li konnen li te chèche. Li keyi yon militon epi l kouri al lakay la. Lòt timoun yo potko leve. Li jwenn manman li chita bò tab la ap priye. Lè manman an ouvri je l, li wè Eldet kanpe devan l ak yon militon nan men l. Li gade Eldet epi dlo kòmanse ponpe nan je l. Madanm lan di, "Mèsi Jezi!"

Li pran militon an nan men Eldet, epi li di, "Bondye beni nou."

Eldet reponn,"Genyen plis." Li di lòt timoun yo pou yo leve al ede l keyi militon. Malgre dòmi te nan je yo toujou, yo ale nan jaden an ak Eldet. Militon yo klere nan limyè solèy la. Timoun yo kontan. Chak militon yo keyi, yo pi kontan.

37

POLICEMAN

Marc Donald

Marc Donald is an honest child. His mom always asks, "What do you want to be when you grow up?"

"A policeman," Marc Donald says.

Her response: a belt, a spoon, a hand, whatever she thinks will stick this time.

Pain speaks louder than words. His mom has learned the basics of discipline from the police she so despises—those malpwòpte, pieces of shit.

But the desire still lingers despite the bruises. Marc Donald watches clean police uniforms march amidst the Haitian dust, a path through the crowd widening before them. He sees the absolute power they wield with guns and threats they will not hesitate to carry out. Dirt flies out from under the tires of their cars pushing through crowds as his mom squabbles over a wilting cabbage.

Marc Donald walks slowly under a starlit sky, untainted by street lamps and city lights. A single dusty light bulb flickers in his open window. The question comes again. Callused hands meet Marc Donald's face when he gives the same answer. He retreats back outside with a throbbing head, leaving his mom in an otherwise empty room.

His mother is afraid.

She knows that as a policeman, no one could hurt him. She knows that as a policeman, he could hurt those who had. She knows, and she is afraid.

Marc Donald closes his eyes to the flickering light and

37

LAPOLIS

Marc Donald

Marc Donald se yon ti jenòm onèt. Chak fwa manman l mande l, “Ki sa w ap aprann lè ou gran?”

Marc Donald toujou reponn, "M vle vin polis.”

Repons manman li lè kon sa se bay Marc Donal kou ak nenpòt sa ki nan men li. Kit se kiyè bwa, kit se sentiwon, nenpòt sa ki nan men li. Kou pa dous. Manman l pa vle tande koze polis la. Li pa vle wè palopis. “Bann malpwòte sa yo.” Men tou se nan gade ki jan lapolis bat moun l aprann bat ti gason an.

Malgre baton yo, Marc Donald pa janm chanje lide. Marc Donald konn al gade polis yo k ap fè parad. Inifòm yo pwòp sou yon nan mitan lari yo k chaje ak pousyè a. Li wè lè y ap pase moun kanpe sou de bò pou gade yo. Zam yo sou kote yo, nenpòt moun ka wè yo gen anpil pouvwa. Pouvwa anpil nan polis yo itilize pou menase moun, fè move zak.

Manman Marc Donald konnen yo byen. Lè y ap pase nan gwo machin yo k ap bay pousyè, voye dlo so machann k akoupi atè pou yo vann yon vye chou pou chèche lavi.

Marc Donald ap fè on ti mache. Lari a tou nwa malgre kèk poto limyè, malgre syèl la plen zetwal. Lè li rive lakay li, yon sèl chanm ak yon ti limyè tou fèb kote li menm ak manman l ap viv, madanm lan pa menm tann li fin antre, li kòmanse pale. Li tounen sou menm kesyon an, "Marc Donald, ki sa w ap aprann lè ou gran?” Li jwenn menm repons lan. Manman an pase l yon sèl sabò. Marc Donald pa wè sa pou l fè, li pran lari ankò.

imagines a future of his own making.

Se pè wi manman an pè pou li.

Li konnen si msye vin polis moun p ap ka fè l mechanste, men li konnen polis konn fè anpil mechanste tou. Li konnen. Li pè.

Marc Donald tann on bon tan pase anvan li tounen nan kay la. Li mache tou dousman al nan kabann li. Li fèmen zye l men li p ap dòmi. L ap imajine ki jan fiti a ap ye pou li.

38

GRADUATION DAY

Roselaure

Roselaure saw the two people in front of her start to move forward. Slowly. So slowly. The graduation ceremony would take hours. Fifty-one students walking slowly down the aisle, their white skirts and blouses shifting with each slow step. They had practiced this walk for hours, waiting for this moment when a thousand pairs of eyes would watch them inch closer to the stage. It is a tradition for a school to have a unique walk. Theirs is no exception. They step together. Pause. Shake their bodies in a half dance. Step again. Pause. Shake. Step.

They might look a little strange, Roselaure thought, but they must be doing it for a reason. And it didn't matter because at the end of the ceremony, she would be a nurse.

She scans the crowd with sidelong glances, trying to catch a glimpse of her fiance Eldet. But there are so many faces. Staring.

Suddenly Eldet is there, pushing his way in front of the crowd holding a camera and a giant smile. His smile is one of the things she likes most about him. Her heart leaps and an answering smile comes unbidden to her lips as he snaps pictures as if this is the most important moment in the world.

Step. Shake. Stop. Wait. Step. An hour of stepping and shaking across the room to their benches. Everything is done together. They walk together. They sing together. Sit together. Wait together. Her throat feels dry and her palms start to sweat. She tries to look again for Eldet's smiling face, but a light is shining in her eyes and he has disappeared in a sea of blurry faces. She has a hard time thinking about anything, with her heart

38

JOU GRADYASYON

Roselaure

Roselaure gen de moun devan l lè defile etidyan yo kòmanse. Dousman. Tou dousman. Seremoni diplòm lan pral pran yon pakèt tan. Senkanteyen etidyan k abiye ak jip blan kòsaj blan ap mache tou dousman ... Yo te fè anpil tan ap pratike defile sa a, ap rete tann moman sa a kote yon pakèt je pral sou yo, ap gade yo jiskaske yo rive sou podyòm nan. Se yon tradisyon pou chak lekòl gen jan yo fè defile pa yo, jan yo fè seremoni pou remèt diplòm. San eksepsyon. Yo mache deplase leve chak pye an menm tan. Kanpe. Yo sekwe kò yo, fè on ti danse. Yo rekòmanse mache ankò. Kanpe. Ti danse. Mache.

Menm si li parèt on jan etranj, Roselaure kwè gen yon rezon pou sa y ap fè a. Epitou, menm si sa y ap fè a parèt etranj, sa ki pi enpòtan an se lè seremoni an fini l ap enfimyè.

Li voye je l gade asanble a tanzantan, l ap gade si li wè fiyanse li Eldet. Men chaje moun. Y ap gade.

Finalman Eldet parèt, li rive jis devan podyòm lan. Kamera li nan men li, yon gwo souri sou vizaj li. Souri sa a se youn nan bagay li pi renmen lakay Eldet. Kè l ap bat fò, l ap ri tou pandan Eldet ap pran foto sou foto, kòmsi moman sa a se li ki pi enpòtan nan tout monn lan.

Yon pa. Yon ti danse. Kanpe. Tann. Yon lòt pa. Inèd tan ap mache dousman pazapa, fè ti sekwe kò jiskaske yo rive sou ban kote pou yo chita a. Tout mouvman yo fèt ansanm, byen kowòdone. Yo mache sou

pounding so loudly in her head.

The announcer says something about each student as they walk up across the stage to shakes hands and receive their accolades.

"She's a really good nurse, but she doesn't like to take care of old people."

"He never came to class."

For her friend Marie Flo they said, "Marie Flo would rather go to her house and drink than go to class." The running joke for Marie Flo was that if a teacher didn't come, she would say "Alright, now it's time to go home and drink." But Roselaure knew Marie Flo studied hard and didn't really drink.

Then it is her turn. There are so many people and flashes from cameras, one of which she knew had to be Eldet's. She stands next to the announcer waiting for what they would say about her.

"Roselaure is shy, she loves to study and go to school, she did her nursing practice with integrity. She is graduating third in her class."

Roselaure had no idea she was third in her class. She did not know she could be happier until that moment when they set the hat upon her head, signaling her graduation as a nurse. A nurse with integrity.

Four hours into the ceremony, all the students had received their hats. Then the lights went out. A collective gasp comes from the audience. Rustles and murmurs. The city had turned the generator off because they were using too much power. Some people brought out the flashlights on their phones, shining them at the stage, but it didn't help. A girl came on stage in the dark to sing a sad song about separating from each other after graduation. It seems all the more sad and powerful in the dark.

After the song, the graduates get up to find their friends and families. Roselaure gets up, looking for Eldet, but she doesn't

menm rit, sou menm tempo. Yo chante ansanm. Yo chita ansanm. Yo tann ansanm. Roselaure santi gòj li sèch, men l ap swe nan de pla men l. Kote l chita a, l ap eseye wè si li kapab wè Eldet ak souri ki toujou sou vizaj li a. Men, gen yon limyè ki klere nan je l ki anpeche l wè byen. Figi Eldet disparèt nan foul la. Kè Roselaure ap bat fò. Li pa kapab panse ak anyen dòt ke seremoni diplòm.

Anonsè a di de twa ti mo sou chak etidyan ki monte podyòm nan. Youn apre lòt yo bay lanmen, yo resewa akolad, epi yo pran diplòm yo.

"Manmzèl se yon bon enfimyè, men li pa renmen okipe malad ki granmoun anpil."

"Jenonm sa a pa janm vin lekòl."

Kanta pou Marie Flo menm, yo di "Marie Flo pito ret lakay li, bwè tan pou li vin lekòl." Moun k ap pale rans di depi yon pwofesè pa vini Marie Flo gen pou l di, "Enben, li lè pou n al lakay nou pou nou al bwè." Men Roselaure konnen Marie Flo etidye anpil, epi li pa vreman bwè.

Kounyeya se tou pa li. Gen anpil moun. Kout flach kamera fè mikalaw. Li konnen youn ladan yo se Eldet. Li kanpe sou kote anonsè a. L ap tann pou li tande sa yo pral di de li.

"Roselaure timid. Li renmen etidye, li renmen lekòl. Li te pran trening pou enfimyè a ak anpil seryozite. Li twazyèm nan klas la.

Roselaure pa t konnen li te twazyèm. Lè yo mete ti chapo enfimyè a nan tèt li ki di li diplome kòm enfimyè, se pa ti kontan l te kontan. Li pa t janm panse kè li te kapab janm kontan kon sa. Yon enfimyè serye, yon enfimyè ki gen konsyans.

Seremoni an dire katrè d tan. Yo bay tout senkanteyen etidyan yo ti chapo enfimyè a. Epi,

want to get lost in the dark crowd. The dark shapes crushing and crowding around her seem overwhelming, and she backs into the chair she just stood up from, the back of her legs digging into the edge of the chair.

Suddenly, Eldet puts her hand in his. She looks up and even in the darkness she can see his smile. His hand is warm, his thumb pressing into the back of her hand. She gathers herself into him, hugging him until she can hear his heart beating through her.

He leads her to her family, Krista, Marc Donald, and Jacqueline by using the flashlight on his phone. They take photos with the flash on before going to her family's house to have a party. They watch a movie together, eating food and laughing, and when everyone finally leaves at 11pm, the house is a mess. It is the hardest to say goodbye to Eldet.

Her family moves what they can to find space to sleep, and they crash, happy and blissful in her accomplishment.

After years of studying, of preparing, of paying bills, she has a future. A security.

Now, finally, she is a nurse.

blakawout. Moun ki te vin asiste seremoni an kòmanse pale, vire tounen nan sal la. Konpayi elektrik la fèmen jeneratè a. Yo t ap itilize twòp kouran. Gen moun ki itilize flach nan telefòn yo pou eseye klere podyòm nan. Anyen sa. Limyè telefòn yo pa sifi. Yon ti fi monte sou podyòm nan ak tout fè nwa a pou l chante on chante ki ap rakonte kouman yo pral separe youn de lòt apre seremoni diplòm nan. Fè nwa a fè chante a pi tris toujou.

Apre chante a, tout diplome yo al jwenn zanmi yo ak fanmi yo. Roselaure kanpe l ap chache Eldet, men li poko ka wè li akòz fènwa a. Moun ap bourade, li tounen al kanpe devan chèz kote li te chita a. Li ka santi pwent chèz la k ap dige dèyè janm li.

Se kon sa li santi on men sou zepòl li. Lè li vire gade se Eldet ki kanpe bò kote li. Menm nan fènwa a li ka wè Eldet ap souri. Eldet lonje men l ba li. Roselaure pase men nan kou Eldet tèlman li kontan.

Eldet pran men Roselaure ak flach li klere pasaj kote yo ap pase a, epi li mennen li al jwenn fanmi li: Krista, Marc Donald ak Jacqueline. Yo pran foto anvan yo pran wout pou yo al lakay yo pou yo al fete. Yo gade on fim ansanm, yo manje, bwè ak kè kontan. Li te onzè diswa lè tout moun ale. Kay la tèt anba. Sèl moun li pa t vle ale se te Eldet.

Yo netwaye, degaje yo fè plas pou yo ka al dòmi. Yo te fatige, men kè yo te kontan tou pou Roselaure ki diplome kòm enfimyè.

Apre yon pakèt tan ap etidye, prepare pou egzamen, peye ekolaj, li resi gen yon fiti. Se yon fòm sekirite pou lavi l.

Jodi a li finalman on enfimyè.

39

MERRY CHRISTMAS

Grasner

Grasner and his little brother, Jean Pierre, sit by the church window, the sun long gone and the darkness welcoming them into the Christmas Eve night. The lights in the church flicker with the clapping, as if the rhythm is too much for the fragile wires. Christmas Eve services last until the sun rises again and the families start to wander back home in a happy, drowsy daze. Church is a way of life here, especially for Grasner's mom. They walk to church every week, wearing their best clothes, their one good outfit. But on Christmas, church becomes an all night affair.

Grasner's feet dangle above the floor, the edge of the bench cutting off his circulation and causing them to tingle. His brother nods off and rests his head on Grasner's shoulder. Grasner looks up at his mom. Her eyes are closed and hands are raised, swaying with the music. He wonders if she'll notice if he falls asleep. Other children are lying on benches and laps, deep breaths lulling them farther and farther into their dreams despite the singing. Grasner yawns. His eyes are heavy. He blinks slowly, watching the pastor pace back and forth, waving his arms and singing at the top of his lungs. On one of his slow blinks, Grasner keeps his eyes closed and takes a deep breath in, resting his head on the wall. He can feel the breeze from the window brush his face and his brother breathing deep, resting on his arm.

Grasner's mother wakes him up. He can see the sky lightening over the mountain, a halo of light growing over the skyline, catching thin clouds on fire. His arm is asleep from the constant weight of his brother's head. She carries Jean Pierre, who

39

JWAYE NWEL

Grasner

Grasner ak ti frè li Jean Pierre chita bò fenèt legliz la. Solèy la te fin kouche depi byen lontan jou ki te lavèy Nwèl la. Limyè legliz la ap fè yanyan chak tan moun yo bat men. Se kòmsi bat men an, rit chante ak danse legliz la te twòp pou ti fil fen elektrisite ki konekete limyè yo. Sèvis lavèy Nwèl la dire tout nan nwit pou jis kan solèy leve. Se lè sa a yo lage legliz la, epi moun yo kòmanse pran wout pou tounen lakay yo. Figi yo fatige, yo soule. Legliz se lavi nan zòn sa a, espesyalman pou manman Grasner. Y al legliz chak semèn. Lè yo pral legliz se pi bèl rad yo genyen yo mete sou yo. Yo gen on sèl bon rad. Men lè Nwèl rive gen legliz tout nan nwit.

Grasner tou piti. Lè li chita sou ban yo, pye li pa touche atè. Frè li Jean Pierre ap fè on ti kabicha ak tèt li sou zepòl Grasner. Grasner voye je gade manman l. De je manman an fèmen, de bra l leve anlè ap fè mouvman ansanm ak rit mizik la. Poudi manman li ap wè l si li fè on ti dòmi. Gen lòt timoun ki kouche sou ban yo, sou janm manman yo. Genyen nan yo, dòmi pote yo ale nèt. Grasner baye. Ou wè li gen dòmi nan je l. L ap fè jefò pou l kenbe je l louvri. Li ka wè pastè a k ap monte desann, k ap fè jès ak men l, k ap chante. Grasner apiye tèt li sou mi an. Li santi yon bon ti van k ap antre nan fenèt la. Li fèmen zye l epi yon ti dòmi pote l ale.

Lè manman Grasner reveye l, solèy la te deja koumanse parèt sou tèt mòn nan. Limyè solèy la fè nyaj

is small and tired enough not to walk the thirty minutes back home. Grasner plods along, closing his eyes more than he should on the dark and rocky path. Home at last. His pile of clothes welcomes his tired head and he falls asleep without another thought.

Grasner wakes to the sound of his mother in the kitchen. It is Christmas day and the sun is only just fully over the mountain ridge, a perfect circle, and the rooster is crowing like it is the last day on earth. Grasner finds yams in their garden, bringing it back to his mom for breakfast before being given the freedom of the day.

Today is a day for play. He plays soccer with friends, laughing and yawning in the same breath. When he returns home, he helps pluck the chicken for dinner. Jean Pierre is giggling with his new toy car in the dirt, making sputtering noises with his lips, spitting excessively with the exaggerated sounds.

Chicken and rice and beans, a feast for the day of celebration. As they sit around the table, a happy family, his mom squeezes his hand, "Jwaye Nwèl, my child." She says with a warm smile, putting a wrapped box on the table next to him.

Merry Christmas.

yo tou wouj kòmsi yo pran dife. Bra kote frè l t ap dòmi sou li a yon ti jan pòk toujou. Men li oblije pote Jean Pierre ki t ap dòmi toujou. Epitou, Jean Pierre twò piti pou l fè trant minit ap mache apre li fin pase tout nwit lan legliz. Grasner te fatige tou, men fò l ede manman l. Anfen, yo resi rive lakay. Grasner lage kò li sou yon pil rad pou l fin fè rès dòmi a.

Jodi a se Nwèl. Solèy la klere sou tèt mòn nan. Tou won. Kòk nan lakou ap chante kòmsi se dènye fwa li gen pou l chante. Grasner al chache yanm nan jaden an. Li pote on bèl yanm bay manman li nan kizin lan pou l fè manje maten. Apre sa li lib pou l kouri monte kouri desann nan lakou a.

Jodi a se jou pou jwe. Li jwe foutbòl ak ti zanmi l yo, Li ri, griyen dan, fè blag. Lè l tounen sot jwe ak ti zanmi l yo, li pral ede manman tiye poul, deplimen poul pou yo fè manje midi. Jean Pierre ap jwe atè nan lakou a ak yon ti machin jwèt tou nèf li resevwa kòm kado Nwèl. Vroum, vroum, penpenp, penpenp! L ap fè bri machin toutbon yo konn fè ak bouch li.

Poul ak diri kole. Manje jou fèt. Lè yo chita bò tab pou yo manje, manman l pran men l epi li di, "Jwaye Nwèl, pitit mwen." Epi li ba li yon ti bwat byen vlope ak papye kado.

Jwaye Nwèl.

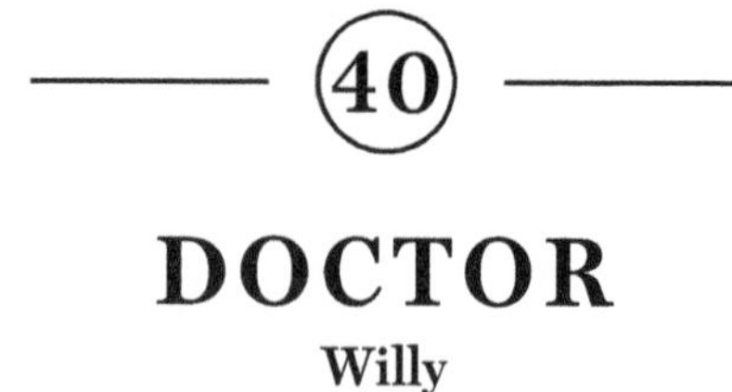

DOCTOR
Willy

You need to know where you come from, and where you want to go.

- Haitian proverb

Willy leaves early from the room he shares with his cousin, nodding to people as he makes the forty-minute walk to the university. Sometimes, when Willy is lucky enough to have extra cash, it is only a ten minute moto taxi ride. But not today.

On these walks, Willy likes to remember previous lessons and test himself. For some reason he feels nostalgic; maybe it's the way the wind is blowing, or maybe something smells like home, or maybe his future seems more solid now that he is almost finished with school.

Willy rubs his arm, the one he broke when he was young. That was what made him want to be a doctor, because they had to travel so long and so far to get to a hospital that could help him. Every jolt of a pothole or turn around a mountain road gave him fresh pain. Willy always wanted to be the best, so when he decided to become a doctor, he said he was going to be the best doctor.

You need to know where you come from.

He remembers the day his high school told him someone wanted to sponsor half of his college tuition. It was the best day in his life up to that point. The sun seemed to shine brighter and hotter than ever before and his head was buzzing with thoughts and plans and pride. His mom squeezed him so hard he couldn't breathe.

40

DOKTÈ

Willy

Fòk ou konnen kote w soti epi ki kote ou vle ale
- Pwovèb ayisyen

Willy kite chanm kay li ap pataje ak kouzen l, bonè bonè. Li salye tout moun li kwaze sou wout ou. Sa pran l karant minit chak maten pou l rive nan inivèsite a. Pafwa, lè li kapab, li pran yon kous moto, e li fè l nan dis minit. Men, pa jodiya.

Pandan l ap mache, Willy pwofite pou l repase leson yo nan tèt li, epi teste tèt li sou kesyon pwofesè yo ka poze nan klas. Li yon ti jan nostaljik jodiya. Èske se paske van an ap soufle yon lòt jan jodi a, oubyen, paske gen yon bagay nan lè a ki fè l sonje lakay li. Antouka li prèske fini ak lekòl la.

Willy pase men sou bra l ki te kase a, sa fè lontan. Li sonje se youn nan rezon ki fè l te vle vin doktè. Kote l rete a, fòk moun mache anpil pou yo jwenn yon lopital ki ka ede w. Moun soti byen lwen pou al lopital. Epi, wout nan zòn nan chaje ak twou, anplis koub ki gen nan mòn yo mal fèt. Moun soufri nan wout lè pou yo rive lopital. Moun konn mouri nan wout anvan yo rive lopital la. Se poutèt sa, Willy te deside pou l vin yon bon doktè. Li te vle se pou li pi bon pase tout lòt ki janm genyen.

Ou bezwen konnen kote w soti.

Willy sonje jou lè li t ap fini nan lise a. Yo te fè l konnen gen yon moun ki ta renmen fè l jwenn mwayen

Passing a family swarming around a market booth on the side of the street, Willy thought of his mom. Those first two years he was only able to pay his rent and buy spaghetti and ketchup while his university bills stacked higher and higher. The sponsor helped with most of it, but he had no way to pay the rest. Willy hated relying on his mom, the hardest worker he knew, who had her own bills to pay. But she insisted, saying that when he became a famous doctor he could pay her back.

Every time he goes home to see her, she almost makes him blush the way she tells neighbors or anyone she knows, "See, here is my son. He is going to be a famous doctor." He knows that she tells anyone she can about him.

He worked hard until he was able to work in between classes and told her he could pay his own way. She actually looked a little crestfallen, saying, "Now you don't need your old mom anymore." But he hugged her, insisting that wasn't true. She still sends a little bit of money to help him pay for food.

You need to know where you want to go.

He walks through the gates of the university, his heart always beating faster when he arrives on the campus. This is his home—his life.

There were 65 students in his class in his first year at university and now, three years later, there are less than half of the original class. Some had to stay behind to retake courses they failed to complete.

Other students call him *poz'up*—"someone in the middle." They named him that because he seemed normal and kind of quiet, but when he started to explain things he impressed them with his intelligence.

Willy arrives at anatomy class and takes his seat, his anatomy professor is already pacing in front of the class with

pou l antre nan inivèsite. Li ap gen pou l peye mwatye nan frè lekòl la. Se te pi bèl jou nan vi l. Solèy la te sanble l pi bèl, pi klere pase tout lòt jou. Tèt li te chaje ak pwojè ak anpil fyète. Lè manman te pran nouvèl la, li te anbrase l, li te kriye, tèlman li te fyè tou de pitit li.

Willy te sonje manman l lè li wè yon gwoup medam devan bak sou lòt bò lari a. Manman ak yon bak sou tèt li te asire pitit li fin fè tout klas. Pandan de premye lane li fè nan inivèsite a, se sèl lwaye li te ka peye, epi manje espageti ak sòs tomat, san konte ekolaj lekòl li ki t ap monte. Li pa t ka fè plis pase sa. Willy pa t renmen mande manman l kòb, paske se yon fanm ki fè tout vi l ap travay di pou okipe tèt li ak fanmi li. Men, manman an te konn ensiste, men Willy te konn santi li jennen pou al mande manman l. Manman an toujou te konn ap di l, la remèt li sa l depanse yo lè li vin yon gwo doktè.

Willy te yon bon etidyan. Li te fò anpil. Lè li te jwenn yon ti travay ki ka pèmèt li okipe tèt li pandan l ap etidye a sa pa t fè manman l plezi. Li te di Willy, "Kounye a ou pa bezwen vye manman w ankò?" Willy te anbrase l, pase men nan kou l pou li fè manman l konprann. Willy di l, "Ou konn se pa vre. M ap toujou bezwen ou manman." Kidonk, manman an te kontinye voye yon ti lajan pou li pou ede l achte manje l.

Fòk ou konnen kote ou vle ale.

Willy travèse baryè kanpis inivèsite a, kè l toujou ap bat byen fò lè l rive sou lakou a. Kanpis la se tankou lakay li; se lavi li. Sou swasannsenk etidyan ki te nan pwomosyon li an, twazan apre, gen mwens pase lamwatye ki rete. Anpil nan yo te oblije kanpe anvan yo fini. Etidyan yo te gen on ti non pou Willy. Yo rele l "Poz

his hands in his pockets. He is a bald man, a Haitian doctor of Orthopedics. His natural enthusiasm and love of anatomy gives Willy goosebumps. It makes him excited about learning. Anatomy class is his favorite, but it is also the most difficult. He likes to draw different muscles and bones during lectures.

You need to know where you come from and where you want to go.

As he settles into his seat and takes out his notebook, he can't help but smile at how far he has come already.

up", sa vle di yon moun ki pezib." Etidyan yo rele l kon sa paske li poze. Men, lè li gen pou li eksprime l, li pale byen. Li montre li gen bon jan ladres ak konpreyansyon.

Willy rive nan kou anatomi a epi l chita. Pwofesè anatomi a deja ap monte desann nan klas la, men l nan pòch li. Tèt pwofesè a chòv, se yon òtopedis ayisyen li ye. Angouman li ak konpetans li lè l ap anseye, bay Willy chèdepoul. Li bay Willy ankourajman pou l aprann. Anatomi, se kou li pi renmen, menm se kou ki pi difisil la tou. Willy renmen fè dyagram mis ki nan kò moun ak zo ki nan kò moun. Tout kaye li chaje ak dyagram sa yo.

Fòk ou konnen kote ou soti ak ki kote w vle ale

Willy rale kaye nòt li, pandan l ap chèche kote pou l chita nan klas la; li gen yon santiman lakontantman, li konn kote l soti pou l rive la a.

41

AIDS

Jean Paul via Doctor Willy

Skeleton of a boy. Balding at 19 years old, with his skin is falling off in dry sheaths, rough and ugly. Lost cause, they all say. HIV stage 4, AIDS. His family never comes. It is a struggle to lift his own head, to eat, to defecate. Diarrhea is leaking all his energy away. Other patients have people to help them. No one comes to visit Jean Paul.

Doctor Willy sees Jean, the boy with no visitors, and his heart breaks despite himself. It takes too much energy, too much of his own strength to invest emotionally in every patient. He has worked too hard for too long to earn this job, this life. He likes the way his tall frame strides through the hospital, his white coat tails flapping behind him. He is a doctor.

You need to know where you come from, and where you want to go.

"I'll take care of him." Willy says, more to himself than anyone. A nurse looks up at him then over at Jean, who Willy is staring at.

"He isn't going to make it." She says, tapping her clipboard absentmindedly as she continues to read a chart. Willy doesn't respond.

Days and weeks pass with minor progress that seems too insignificant to chart. He can't visit every day, but he always wants to check on his project, his patient. No one else wants to touch the disease, but Willy will not give up.

"How are you doing today?" Willy asks, checking Jean's

SIDA

Jean Paul ak Dòk Willy

Ti gason an sanble yon eskelèt. Diznevan sèlman, li déjà chòv, ak yon po ki sèch, lèd e ki ap dekale. Tout moun di se youn ka pèdi, li gen yon VIH faz 4, SIDA. Fanmi li pa vin wè l ankò. Li pa menm ka leve tèt li pou l manje, li pa ka mache poukont li al nan twalèt. Dyare ap fini avè l. Lòt malad gen moun pou ede yo, li menm pèsonn pa vin vizite l.

Doktè Willy ap konsilte Jean Paul, yon jenn gason ki pou kont li. Kè Dòk la fè l mal pou Jean Paul. Sa pran twòp tan, twòp efò pou li wè chak malad. Li gen lontan l ap travay di, li envesti vi l nan travay la. Li renmen mache nan koulwa lopital la, byen bwòdè ak blouz blan li. Men wotè l. Se doktè l ye jodi a.

Fòk ou konnen kote w soti e ki kote w vle ale.

Doktè Willy di tèt li. "M ap okipe m de jenn gason sa." Pandan l ap voye zye sou li, gen yon enfimyè k ap veye Jean Paul ak Dòk la tou.

Enfimyè a di, "M pa kwè l ap chape." Pandan l ap di sa, li pa menm rann li kont de yon dosye ki nan men l; li kenbe katab la nan men l, l ap frape l detanzantan. Willy tande l men li pa reponn. Jou ap pase, pa gen gwo pwogrè, jenòm lan pa amelyore. Dòk la pa kapab vin chak jou, men li vle kontinye vin wè malad yo, tcheke pwogrè yo ap fè. Pèsonn pa vle manyen moun ki gen SIDA, men Willy p ap lage sa.

eyes and pulse. Jean tries to smile, perking up at the sight of him. Willy sits after he finishes the examination, not knowing what to say, but not wanting to leave. Jean breaks the silence, starting the conversation, asking about basketball. Willy sits longer than he normally would with any other patient.

Jean's sunken eyes grow brighter as the months go by. People stare at the boy who was on the brink of death.

Whispers skirt around his hospital bed. "Stage four—doesn't he have—how is he..."

Willy and Jean talk about the future, growing closer in their bated hopes.

"Thank you... Dad." Jean says one day. Willy pauses, then a smile grows as he continues to tuck in the bed sheets.

Nine months in the hospital. Nine months of bedpans, IVs, shots. Nine months of tests and the same itchy sheets. Nine months after Jean was carried into the hospital, all skin and bones, he walks out with Willy. Willy drives him home. Jean is quiet in nervous anticipation, fingers twisting, alternating between thoughtful silence and quick conversation.

Jean's family can't believe it's him, thinking he had died months before. Still hesitant to touch and hug, they hover. Everyone, even his family, is afraid of him. He wants a life, a real life of his own. A fresh start, away from people who are terrified to touch him, to live life with him.

Willy helps Jean get to Port-au-Prince so he can find a job. "Stay in the HIV program." He tells Jean, patting him on the shoulder.

"You'll be fine-" he says aloud. My son, he continues to himself.

"Kouman w ye Jodi a?" l ap konsilte zye Jean Paul ak souf li. Jean Paul ap eseye fè yon ti souri. Dòk la chita bò kote l, lè l fin egzamine l, li pa konnen sa pou l di, men li pa vle leve. Jean Paul resi louvri bouch li, l ap poze dòk la kesyon sou baskètbòl. Dòk la fè yon ti chita ak li, plis pase sa li konn fè ak lòt malad yo.

Enfimyè nan chuichui lopital la, "Se pa li etap 4? Kouman li ap vin pi bon?"

Dòk la ap pale ak Jean Paul, y ap fè plan pou demen, men y ap eseye pa kreye twòp espwa.

Se kon sa, yon jou, Jean-Paul di dòk la, "Mèsi papa." Willy souri pandan lap kontinye ranje dra kabann yo.

Nèf mwa pase. Nèf mwa nan mete sewòm, nan pran piki, bay medikaman. Nèf mwa nan menm vye dra yo. Nèf mwa depi Jean Paul te vin lopital la, po ak zo, men l ap soti ak Doktè Willy. Dòk la ap mennen l lakay li. Jean Paul pa di anyen, l ap reflechi, l ap jwe ak dwèt li. Tanzantan li fè yon ti pale epi li pe.

Fanmi Jean-Paul pa ko vle kwè ni reyalize se li, yo panse l te deja mouri. Yo pwoche bò kote l, byenke yo on tijan pè anbrase l ak manyen l. Tout moun, menm manm fanmi an pè li. Jean-Paul ap konsidere kouman pou l ta reprann lavi l. kouman pou l ta rekòmanse, lwen tout moun sa yo ki pè manyen l la, ki pè viv ak li.

Dòk la ale ak Jean Paul Pòtoprens pou l ede l jwenn yon travay, pandan l ap ankouraje l pou l rete nan Pwogram VIH la.

Dòk la di Jean Paul, "W ap sove-" Willy sispann pale. Li vle rele l '"pitit gason m'," men li pa fè sa.

ADOPTION

Laurenne

"I found a baby in the market!"

Laurenne blinks at the fading light and looks up, having almost fallen asleep in the lawn chair against the front of their house. Her dusty and breathless younger brother stands in front of her, the confusion turning to shock as she sees the squirming baby in his arms. It is small, with sores and dirt covering the skin; it looks too weak to cry.

"Someone abandoned this baby in the market." He says, looking lost as he walks closer to Laurenne.

Laurenne stands and moves closer to him, transfixed by the creature in his arms.

"There was a group of people in the market," he explains, "all gathered in a circle, so I went to see what was happening."

She looks at the baby girl's snot covered face, eyes bulging from a head too small to hold them.

"It was laying in the dirt, crying. One of the vendors, this lady with a mean face, was going to trade the baby for a potato cake. They were bartering over a baby!" He shakes his head in disbelief. "So I stopped her and said, 'No, let me go talk to my mom before you give her to this woman.' And I picked up the baby and..." He says, pausing before holding the baby out to Laurenne. She hesitates, the stench of urine meeting her nose, but she wraps her hands around the sad sight, gathering the baby in her arms.

The baby sniffles at her with labored breaths, the few curls on her mostly bald head covered in a fine dust of dirt and glistening with sweat. Her dry lips pucker, little whispers of breath

ADOPSYON

Laurenne

“M jwenn ti bebe a nan mache a!”

Laurenne bare je l pou l ka wè. Limyè a te fèb nèt. Epi li te gen on ti kabicha k te prèt pou pran l. Lè l resi ouvri je l, li wè ti frè li a kanpe devan l. Msye sal, li kouvri ak pousyè. Sa k te pi dwòl la, li te gen on ti bebe nan men l. Ti bebe a tou piti, li sal, li kouvri ak pousyè ak bouton sou li. Ti bebe a sanble li pa ka kriye paske li te twò fèb.

Ti frè a apwoche Laurenne pi plis, epi li di, "Yon moun kite ti bebe sa a nan mache a.”

Laurenne brip li kanpe, kòmsi se pawòl la k reveye l.

“Te gen yon foul moun ki sanble nan mache a, ap gade on bagay. Lè m pwoche pou m wè sa y ap gade a, m wè se ti bebe a.”

Laurenne pwoche pi pre l. Ti bebe a mèg, li sal. Je l pi gwo pase tèt li.

“Yo kite l atè a nan pousyè a. Li kriye. Malgre tout pale anpil machann yo t ap fè youn ladan yo pa di y ap pran ti bebe a. M menm kwè m tande youn nan machann yo di talè l pa pran ti bebe a pou l al vann. M di enben, kite m pote l bay manman. Manman m renmen tifi.”

Kon sa, ti frè a gade l, epi li di, "Men ni. Men ti bebe a.”

Malgre ti bebe a santi pipi, Laurenne pran l nan bra l sou konn se li ki te manman l.

escape with a rattle and exertion, as if her few months on earth had already given her a huge burden. Laurenne's heart flutters in her chest.

"She looks like an old person." She says out loud, caressing the baby's shriveled skin.

Her brother talks in the doorway behind her, a world away, as Laurenne watches enraptured as little fingers wrap around her thumb.

"We can't keep her." She hears her mother say, who is now standing in front of Laurenne staring at the tiny baby. "She's sick. She's going to die."

Laurenne looks up, carefully clutching the baby closer to her chest. "Mom, if God sent us this little baby, then He's going to help us to take care of her."

"Your father won't like it."

There is a pause.

"What will we call her?"

Dòlote. To spoil, pamper.

"Dolores." Laurenne says, brushing the baby's dry cheek.

Dolores is in the hospital with other malnourished babies. All sick, crying, slowly dying. The room is as sterile as it can be in such a remote place. White and green paint peels and melts down the walls and windowsills, the white cribs surrounding the room with chairs for those who care. Dolores' cracked lips can't open far enough on their own. They part her mouth with gentle fingers to feed her with a bottle.

"Why do you need to quit school?" Her father asks, looking at the whimpering child with soft but skeptical eyes. Laurenne senses in him the fear of love and attaching to one who might leave too soon.

"Dolores needs me. She will live." Laurenne says.

Later that week, as the nurse changes the sheets, she sighs

Ti bebe a ap respire fò. Ti cheve nan tèt li plim plim. Li kouvri ak swè, li kouvri ak pousyè. Se kòmsi li te deja fatige ak lavi apre sèlman de twa mwa li genyen sou tè a. Kè Laurenne fè l mal pou l gade ti bebe a nan eta sa a.

“Mezanmi o, timoun nan fèk fèt epi li sanble on ti granmoun.”

Pandan y ap antre ak ti bebe a nan kay la, yo tande manman yo k ap di nou p ap ka kenbe timoun sa a. Li sanble li malad. Li ka mouri nenpòt moman.” Se kòmsi ti bebe a tande. Li kenbe dwèt Laurenne pi di.

“Nou pa ap ka kenbe l non,” Manman an di yo.

Laurenne reponn ni, "Men manman, si Bondye voye li ba nou, Bondye a fè nou jwenn mwayen pou nou okipe l.”

“M pa kwè papa nou ap dakò nonplis.”

Pou on ti moman, yo youn pa di anyen. Youn ap gade lòt.

“Ki jan n ap rele li?”

Dòlote. Pou n gate l.

Laurenne manyen figi ti bebe a, epi li di, "Dolorès.”

Dolorès lopital ansanm ak yon pakèt lòt ti bebe ki gen malnitrisyon. Yo tout malad, yo tout ap kriye, yo tout ap mouri ti kal pa ti kal. Pou yon lopital ki lwen kon sa nan fon peyi a, li pwòp anpil. Penti blan ak penti vèt ki pentire sal la ap dekale sou mi arebò fenèt yo. Bèso ti bebe yo ranje tout otou sal la. Ti bouch Dolorès tèlman sèch, menm louvri li pa sa louvri l pou l pran bibon an. Se louvri pou yo louvri l pou tèt bibon an antre nan bouch li.

“Pou ki sa pou kite lekòl?” Papa a mande l.

Laurenne pa konprann pouki sa papa l pè.

and says on her way out, "She'll never walk."

Her mother has Laurenne bathe Dolores in alcohol water and tie a cord around her chest before she sleeps, "To make her stronger," she says.

Sores retreat, cough softens, eyes clear, fever cools, fat gathers. Muscles are weak, but growing.

"Her family might come for her," a nurse says. "They do that sometimes, you know, now that the baby isn't going to die." She pats Laurenne on her back gently, "Now that you've done all the hard work."

The small dusty government office with even smaller windows is too full of people. The walls are all yellows and browns and everything feels like it's getting smaller the farther Laurenne walks into the room. Slimy people with their permed hair and glossy nails and starch stained clothes. Her father says they're all corrupt, but Laurenne had resolved back at home to adopt Dolores and make it official. Then the family that abandoned Dolores can't take her away.

"Very beautiful!" They say, fawning over Dolores, now plump and happy in Laurenne's arms.

"So healthy and fat!" One lady says, pinching Dolores cheek like she's browsing a meat market.

"You are too young to take care of her." A man says sternly, looking down at the pair of them.

"I know a family who can't have children." Says a lady with a too big smile and lipstick smudged on her front teeth, "Give her to me."

"You're not 18 years old, so you can't sign any paperwork." An older man says, dismissing her, quickly turning away from her to go back to his desk.

Later that day, back at home, the corner of Laurenne's mouth quivers, quickly brushing a tear from her cheek as she

“Dolores bezwen mwen. L ap viv,” Laurenne reponn papa l.

Nan menm semèn nan, gen yon enfimyè ki di, "Ti bebe sa a p ap janm mache.”

Manman Laurenne montre l kouman pou l benyen ti bebe a, pase dlo kleren ak lanmidon sou li pou gratèl la, mare bann vant pou li.

Kon sa kon sa, bouton sou li yo kòmanse geri. Je l pa gen drandran ankò. Lafyèv pase. Li kòmanse pran ti gwosè. Li fèb toujou men li kòmanse pran fòs.

Gen yon enfimyè k di Laurenne, "Pa sezi non si ou wè manman l vin chache. Gen de fwa yo konn fè sa wi lè yo wè timoun yo te kwè k ap mouri a pa mouri. Yo vin pran pitit yo. M konnen efò ou fè pou ti bebe sa a refè.”

Biwo leta a tou piti. Ti fenèt yo chich. Epi gen twòp moun anndan an. Mi yo pentire jòn ak mawon. Tank Laurenne rantre pi fon, se tank ti biwo a parèt pi piti. Yon bann medam ak cheve yo klere ak grès, dwèt woze ak rad yo rèd ak lanmidon. Papa l di li yo tout kowonp, men Laurenne te deside fò l adopte Dolorès ofisyèlman. Sa ap prevni fanmi ki te abandone l pou tounen vin pran l nan men yo.

Chak moun ki wè Dolorès nan men Laurenne di, "Li bèl anpil wi!” “Ala bèl tifi!”

Youn nan medam yo di, "Gade gwosè li.”

Youn nan mesye yo ak lè l byen serye gade Laurenne ak Dolorès nan men li, li di, "Ou twò jèn pou responsablite sa a.”

Yon lòt dam ak dan li tou griyen di, "M konn yon fanmi ki pa ka fè pitit. Ban mwen l pou m ba yo li.”

Yon lòt mesye di, "Ou poko gen diswit lane. Ou pa ka siyen papye yo.” Epi li vire do l.

feeds Dolores. Her father sees and leaves without a word.

He returns later with some papers and places them in front of her. "You have a sister now." He tells her, patting her shoulder and leaning down to kiss her on the forehead. He squats and lifts Dolores out of her arms to kiss her cheeks before giving her back to Laurenne.

Laurenne presses her forehead onto Dolores's forehead, her sister, her baby.

Jou swa sa a, lè yo retounen lakay kè Laurenne pa t kontan menm. Li kriye, li kriye. Papa l wè l ap kriye. Li kouri soti san li pa di anyen.

Lè l tounen, li rele Laurenne epi li montre l yon bann papye. Li di, "Ou gen on ti sè jodi a." Epi li bo Laurenne ak Dolorès.

Laurenne leve Dolorès anlè, li kole fwon li ak fwon Dolores, ti sè li a, ti bebe li a.

43

WEIGHTLESS

Marc Donald

Marc Donald sits on the ground with his cousin, making circles in the dirt. Their twigs snap smaller and smaller as their drawings become more and more elaborate. His cousin, Markus, is bigger, smarter, and faster, and he knows things. He knows the way the pigs along the bay will follow you if you spread the grease from old soup on your hands. He knows how to talk to girls and how to dig for coins under the bridge.

On the way home, Markus sees the bike. The metal shines silver and the spotted rust glows in the hot afternoon sun. Dimpled handlebars lean against a graffitied cinderblock wall. There are two full-enough tires and gears that seem to crank. A plank of wood is mounted on the back, perfect for a small passenger, mold and all. It is glorious in its dilapidation.

They call it rescuing as they roll the bike away. "No one else is using it," Markus says as Marc Donald follows him, imagining the adventures that await them. There are plenty of hills to fly down.

Marc Donald pedals first while his cousin sits on the plank behind him, laughing the whole way down. Heart pounding, Marc Donald avoids potholes on the unpaved road. A fast-paced game with ultimate consequence as he turns to avoid a moto screaming up the hill. The torn apart plastic of the pedals scratch his bare feet. He is awake—the world is flying—he wants to lift off, look back down over Jérémie and his little house and his little world before soaring off into the clouds. The wind rushes past his ears, and he imagines this is what airplanes feel like.

43

ENPEZANTE

Marc Donald

Marc Donald chita atè ak kouzin li Markus. Yo chak gen yon ti branch bwa nan men yo y ap trase ti sèk atè, fè yon seri bèl ti desen konplike. Kouzen li Markus pi gwo pase l, pi entelijan pase, pi rapid pase l, epi li konnen anpil bagay. Markus konnen kouman ou ka fè kochon bò lanmè yo suiv ou: Jis simen po manje dèyè ou. Li konn kouman tou pou koze ak fi, file fi, ki kote ou ka ale fouye pou jwenn lajan anba pon an.

Se Markus ki premye wè bisiklèt la pandan yo sou wout pou al lakay. Yo apiye bisiklèt la sou on mi ki gen yon pakèt eslogan ekri si sou li. Wou bisiklèt la klere kou miwa dèzanj nan solèy apremidi a. Kawotchou bisiklèt la pa sanble yo fin plen nèt. Gen yon vye moso bwa ki mare dèyè pou sèvi kòm yon plas pou yon lòt pasaje. Se yon bèl vye bisiklèt.

Markus di, "Pesonn pa p itilize l." An n al sove vye bisiklèt sa a ki chita la p ap fè anyen an. An nou al wè sa l ka bay nan mòn yo. Mesye yo wè kouman yo pral pran plezi yo sou bisiklèt la lè y ap monte desann mòn yo.

Se Marc Donald k ap kondi, k ap pedale bisiklèt la. Markus chita dèyè a sou moso bwa a. Y ap griyen dan yo san rete. Kè yo ap bat fò! Marc Donald ap fè egzibisyon, eskive twou sou wout wòch la, eskive moto sou wout la. Kawotchou ki kouvri pedal bisiklèt la fin manje. Marc Donald ap pedale pye atè. Li santi l ap viv. Se kòmsi li nan yon avyon ki prèske tou pre nyaj yo, k ap

At the bottom of the hill, next to a small street market stand, they stumble off their seats. An old woman sits in the shade next to brightly wrapped crackers and candy, watching them as they gather themselves up and laugh at each other. The sun is perfectly blinding as it sets over the hill. Back at the top, perched on the cracked wood seat, Marc Donald's feet dangle above the rocky ground.

His cousin pushes off, and suddenly they are falling, rolling, flying down and Marc Donald is weightless and on the verge of floating away into the sunset sky. Air against his face dries the sweat as it drips. His shirt pulls taut against his ribcage and flaps around his back. The world whirls by; his hands in the air, the wind carries his laughter far behind. Catching the wind like freedom in his cupped hands, most of it slips through the cracks.

Slowing, stopping too soon. Their feet turn to lead as they step onto the earth.

The now warm bike leans next to them in the shade of palm trees, the tingle of freedom still lingering on their fingertips.

pase sou tèt Jeremi, sou tèt lakay li. Van an bon nan figi l, van ap frape lestomak li. Fòk se kon sa li ye lè on moun nan yon avyon. W ap pase anlè.

Lè yo rive nan yon ti ri tou piti anba yon ti mòn nan, bò kote on ti mache, yo pran degingole, yo pèdi asiz yo sou bisiklèt la. Yon vye granmou ki chita anba on ti pye bwa ak yon bak ki gen bonbon, sirèt ap gade yo. Yo pèdi nan griyen dan. Yo remonte bisiklèt la ankò epi yo pran pedale pou pi devan. Solèy la klere tèlman li avegle ou. Marc Donald ak Markus ap pedale desann. Van an tèlman bon yo pa gen on ti gout syè sou yo. Chemiz deboutonnen. Ke chemiz yon nan van ap danse sou kont yon vwal bato k sou lanmè.

Yo pedale desann kite monn yo konnen an dèyè. Kè Marc Donald kontan, l ap ri byen fò. Van an pote vwa li ale byen lwen. Li lage de gidon bisiklèt la, li mete de men li anlè. Sa a se lavi. Li santi li lib.

Lè yo resi kanpe bisiklèt la pou desann, yo santi yo sou. Men gou libète yo sot jwi a rete avèk yo, rete nan tout kò yo.

SONG

Pepe

Iron stoves and warm fires form kitchens on porches, sending smoke up to mingle with the clouds. Pepe walks with the perpetual adolescent hunger gnawing his stomach, gazing at the pots of soups, rice, beans. He sees his neighbor, Marie Karol, stirring a pot boiling over flames. The heat from the pot mingles with the heat of the waning day, her sweat gathering with a healthy sheen. His hands in his pockets and a sloppy grin growing, Pepe saunters up. The older woman barely looks up at him as he also leans over the pot, smelling the sauce she is cooking. Just rice and sauce.

He stands, she stirs, neither saying a word. Both staring at the sauce.

Pepe clears his throat and starts to sing nonsense lines to her, changing the names of foods that are not there, trying to make her smile and maybe get a bite to eat,

Look at the corn!

Delicious rice soup!

She does not look up. She does not smile. He gets more ridiculous, more desperate.

There is tom tom and spaghetti!

Look look!

Beans bean beans!

Her large hand never stops stirring except to taste, never acknowledging Pepe's song. Pepe stops singing, his stomach growling, waiting in anticipation for some kind of response. He stares at the food, then up at her unfazed face. He wonders if she's

CHAN

Pepe

Galri tounen kizin ak recho dife k ap voye lafimen anlè pou al kontre ak nyaj yo. Pepe ap grandi, li toujou grangou. L ap voye je gade manje k ap kwit sou galri yo: bouyon, diri, pwa. Li voye je l sou galri youn nan vwazin yo ki rele Marie Kanol. Manmzèl ap brase yon chodyè. Figi li klere ak swè anba chalè chodyè a ki jwenn ak chalè solèy midi a. Pepe ap pase, men nan pòch. Granmoun nan pa vire gade l, l ap brase chodyè l. Pepe voye je l li wè se on diri kole Marie Kanol ap kuit.

Li kanpe. Marie Kanol l ap brase. Youn pa pale ak lòt. You toulède ap gade andan chodyè a.

Pepe grate gòj li pou l fè Marie Kanol wè l. Li kòmanse chante pou Marie Kanol. L ap fè manmzèl ri. Petèt l a ba li on ti bagay pou li manje.

Gade mayi!
Yon bon diri kole ki gen bon gou!
Gen tomtom! Gen espageti!
Gade, gade!
Pwa pwa pwa!

Marie Kanol kontinye brase chodyè a. Li pa gade adwat, li pa gade agoch. Li fè kòmsi li pa wè Pepe. Pepe kontinye chante, je li pa soti nan chodyè a. Apre on bon tan, Pepe sispann chante. Grangou an ap mòde l nan vant li. L ap tann. Li gade chodyè a, li gade Marie Kanol. Manmzèl pa gade Pepe. Marie Kanol pa t soud yè pou l pa ta ka tande m kounyeya k ap chante pandan tout tan

deaf now when she wasn't yesterday.

She doesn't say a word. Her face possessing a stoic patience Pepe doesn't have time to fathom. He must have been there at least a half hour. He isn't going to win.

Pepe sighs, "Okay, I guess I'm going to go." He turns to walk back to the street.

She looks up at him, laughter in her eyes, "Why did you even come? Why were you singing like that?" He stops and shrugs.

Marie scolds with the flicker of a smile on the corner of her lips, "You came to my house and all you did was sing to the food. Why don't you stay until the food is done so you can have some?"

"I was hungry and wanted some food. But it's taking too long." He says, waving at her with a smile. Maybe his sisters are making food now, he thinks as he walks back home.

Marie Karol watches him walk away, knowing he'll be back some other day with another song or joke, trying to make her laugh. She ducks to hide her smile as she continues to stir the pot, the food song still floating through her head.

sa a.

Tou sa Pepe fè, Marie Kanol pa di on mo, li pa fè on jès. Se chodyè li l ap okipe. Pepe do te gen 30 minit depi l kanpe devan galri ap gade Marie Kanol k ap fè manje. Sanble sa p ap mache jodi a.

Pepe reziyen l. "Enben, m prale." Pepe vire pou l ale lè Marie Kanol pete on sèl kout ri. "Sa ou te vin chèche. Pou ki ou t ap chante kon sa?" Pepe monte zepòl li.

Ou vin devan galri mwen, ou chante pou manje a. M pa konn pouki ou pa ret tann pou m ba ou nan manje a."

"M te grangou, m te bezwen on ti manje. Men manje a pran twòp tan pou l kuit." Pepe fè babay bay Marie Kanol, epi li prant wout lakay li. Marie Kanol kanpe, li sekwe tèt li pou l gade Pepe ki prale. L ap tounen on lòt jou ak yon lòt chante, yon lòt istwa, yon lòt blag pou li fè Marie Kanol ri. Marie Kanol rete ak chante Pepe a k ap jwe nan tèt li toujou.

45

BAPTISM

Noelle

The sun shines through the leaves while she waits to be baptized. The Te Wouj river is crisp and surprising and she can't stop smiling.

Madam Noelle shuffles down her hallway, hand trailing along the warm concrete wall, feeling its ridges and bumps. As she gets closer to the porch, she can feel the breeze cool the sweat on her brow and hear the children from the school playing in the courtyard. She slows as her fingers find the sharp corner of the open door frame and guides her own way to the right, reaching out for the bench. She sits, hand hovering below her, anticipating the sway of the bench as she sits. It is also warm, the sun already burning through many hours today. The laughter and screams of the playing children at recess join with the thud of what she assumes to be a soccer ball bouncing against her front steps and then the teachers as they call the students back inside.

Madam Noelle hears the footsteps of a visitor, slapping against the mud and sticking to her concrete steps. She reaches out with asking hands. She feels their arms, face, hair, stomach—she wants to see them, know them. She forms a picture in her head. It's Krista that sits to talk with her.

Women hold up a white sheet while she changes into clothes she can get wet. It is the day she will be reborn. The sun shines through the leaves overhead and their shadowed imprints sway on the fluttering white cloth. She stops for a moment, lingering in the beauty of the day.

Adelta is dark and beautiful, with braided hair that Madam

45

AP BATIZE

Madan Noelle

Limyè solèy la fè fèy pye bwa yo klere, jou Madan Noelle ap batize a. Menm dlo rivyè Tè Wouj la parèt klere nan solèy la. Madan Noelle ak yon bèl souri sou bouch li.

Li apiye yon men sou yon mi koulwa a pou l mache. Lè li pre rive sou galri a, li ka santi yon bon ti van ap vante. Li tande timoun k ap jwe nan lakou lekòl sou kote a. Li ralanti pou l chache ti pòt la ki bay sou galri a. Li tatonnen, li tatonnen jiskaske li jwenn ti ban an. Li chita. Solèy la wo, li kòmanse fè cho. Dapre bri li tande k ap fèt nan lakou lekòl la pandan rekreyasyon an, sanble timoun yo ap jwe foutbòl. Li tande lè pwofesè a sonnen klòch la pou timoun yo tounen nan klas.

Madan Noelle tande bri pye on moun ap apwoche. Li lonje men l pou l fè moun nan wè l li santi l ap vanse. Li manyen bra moun nan, li pase men l sou figi moun nan, nan tèt moun nan pou li ka wè kiyès moun li ye. Se Krista. Li pa ka wè Krista, men li sonje l. Krista chita sou galri a avè l. Yo pale menm jan ak lontan lè li pot ko avèg.

Medam yo pran on dra blan pou bare Madan Noelle pou l mete rad li pral batize a sou li. Jodi a li pral kòmanse on lòt vi. Limyè solèy fè fòm medam yo parèt tou nwa dèyè dra a, sou konn lonbray. Se te yon bèl jounen toutbon, ak bon solèy, ak bon ti van byen dous.

Adelta se premye pitit Madan Noelle. Li bèl. Li gen yon bèl koulè nwa. Tèt li penyen ti très. Madan Noelle toujou renmen pase men nan tèt li. Jean Bernard, ti gason

Noelle still likes to rub and feel between her fingertips. Jean Bernard's face is long and clear, full of curiosity and playfulness.

She has to stand in the river current, waiting and anticipating the moment. The pastor asks her about her sins and explains the salvation message. She answers his questions, practically slapping the water in anticipation.

Whenever her husband comes home she wraps her arms around his waist and leans her ear against his stomach and tells him if he's hungry or not. He laughs and kisses her gently on her head before he sits beside her. She traces the lines on his callused hands as he tells her about his day.

She leans back in the pastor's arms, staring up at the sky that is whispering to her through the wind blown leaves as she plugs her nose. She closes her eyes and is dipped into the water, floating, cleansing, washing away her past. The river's current pulls her, her clothes stretching along with it, but the pastor holds her for a moment.

Madam Noelle doesn't walk to the river anymore. It is too far, steep, and dangerous. She walks to the kitchen, to the school, to the soccer field and listens to people talk and play. She stretches out her fingers to tickle the building's edge as she makes her way around the school yard. Each step is a challenge, a question. Rocks, roots, and soccer balls litter the open fields.

When the pastor lifts her up there is a spray of water drops that she can hear sprinkle the river around her. She opens her eyes and the world seems brighter. God had brought her out of the darkness and into the light. Amen.

As she feels her way through a world seen only through fingertips, she is surrounded by darkness. But it is not empty.

an, pi piti. Li gen yon figi long. Li pi klè pase Adelta. Jean Bernard entelijan, li renmen jwe.

Madan Noelle kanpe nan mitan rivyè a, l ap tann. Pastè a mande l pou l repanti tout peche li. Li esplike Madan Noelle kisa batize a vle di. Madan Noelle reponn, epi li pase men l nan dlo, li pase men l nan figi l, kòmsi li pa t ka tann pou batèm nan kòmanse.

Sèjousi lè Noelle rantre, Madan Noelle mete zòrey li sou vant Noelle pou l wè si Noelle grangou. Si li tande vant li ap bouyi ak gaz li konnen li grangou. Lè l fè sa, se ri Noelle ri. Noelle toujou chita bò kote l, men youn nan men lòt. Epi li toujou rakonte Madan Noelle kouman jounen l te pase.

Madan Noelle lage kò l nan men pastè a. Li leve tèt li anlè. Li ka santi van an k ap vante. Li kenbe nen l, li fèmen zye l epi li plonje nan dlo a. L ap lave tout peche l te konn fè yo. Kouran rivyè ap pote li ale, men pastè a kenbe bra l.

Sètansi, Madan Noelle pa ka desann al larivyè a pou kont li. Wout pou li pase a gen twòp gwo wòch, epi rivyè a twò lwen. Li ka mache al nan kizin nan, li ka al nan lekòl la ki sou kote lakay la, li ka al sou teren foutbòl la. Li ka tande moun k ap pale, timoun k ap jwe. Men, menm lè li pral lekòl la ki toupre a, se ak difikilte. Fò l tatonnen. Chak pa l pran se yon tèt chaje. Chaje wòch, rasin bwa, ak lòt debri nan chemen an se on tèt chaje.

Lè pastè a retire l nan dlo a, li louvri zye li. Li santi l pi lejè. Bondye retire l nan fènwa. Li pa nan lemonn ankò. Amen.

Malgre se tatonnen pou l tatonnen lè l ap mache pou l santi ki kote li ye paske li wè tou nwa nèt, li pa wè ankò ditou, men li konnen li pa poukont li.

TRANSLATION GUIDE

GID TRADIKSYON

ENGLISH	CREOLE
The	**La**
And	**Ak**
Why	**Poukisa**
When	**Kilè**
What	**Kisa**
Why	**Koman**
To	**A**
For	**Pou**
On	**Sou**
About	**Sou**
That	**Sa**
Then	**Apre**
Here	**Isit**
There	**La**
Go	**Al**
Stop	**Rete**
Want	**Vle**
Like	**Tankou**
Love	**Amou**
Do	**Eske**
Don't	**Pa**
Yes	**Wi**
No	**Non**

ENGLISH	CREOLE
See	**Wè**
Hear	**Tande**
Feel	**Santi**
Touch	**Manyen**
Taste	**Gou**
Run	**Kouri**
Walk	**Mache**
Ride	**Monte**
Bread	**Pen**
Rice	**Diri**
Food	**Manje**
Eat	**Manje**
School	**Lekòl**
Dark	**Fè nwa**
Light	**Limyè**
Good	**Bon**
Bad	**Move**
Please	**Souple**
Help	**Anmwe**
Thank You	**Mèsi**
Sorry	**Regrèt**
Hello	**Alo**
Good-bye	**Babay**

PRONOUNS/*PRONOM* - Pronouns have no gender in Creole, pronouns can have gender in English:	
mwen	I, my, me
ou	you, your
li	he, she, it; his, her, its; him, her, it
nou	we, our, us; you (plural/pliryèl), your (plural)
yo	they, their, them

VERB/*VÈB* tenses are expressed in five ways:		
Present:	I eat	**mwen manje**
Present Progressive:	I am eating	**mwen ap manje**
Past:	I ate	**mwen te manje**
Future:	I will eat	**mwen pral manje**
Conditional:	I would eat	**mwen ta manje**

For the **NEGATIVE/*NEGATIF***, put **pa** in front of the verb forms:	
I ate	**mwen te manje**
I did not eat	**mwen pa te manje**

NOUNS have no gender in Creole, and their plural is formed simply by adding yo after the word. The term for "a" or "an" is placed before the noun, the term for "the" after the noun:	
a house	**yon kay**
the house	**kay la**
the houses	**kay yo**

POSSESSION/*POSESYON* is shown by placing the person or thing possessed *before* the possessor:	
kay David	David's house
papa mwen	my father

ACKNOWLEDGEMENTS

Writing this book was a much longer journey than I ever imagined, but the final product is well worth the effort. I cannot even begin to thank the many people who have helped make this dream a reality. **Thank you:**

The original storytellers for sharing your lives and stories with me and the world. (Marc Donald, Daniel Ku, Eldet Tine, Laurene Louis, Jacqueline Tine, Noelle Michelle, Patrick Tine, Willy Lafortune, Alfred Calos, Vialey Josue, Pitou Charles, Renous Severe, Roselaur, Roselynn, Grasner Severe, Pepe Rousseau, Monette Severe.)

Amanda Orozco, my tireless and hardworking editor and charcoal illustrator.

Marie Lily for the thorough Haitian Creole translation work.

Wynnie Lamour for the thoughtful translation edits.

Ted McFarland, whose beautiful cover design really made the book shine, and for his hard work on all Kickstarter graphics.

Krista Prada and Lacey Stockeland, thank you for interpreting the interviews with storytellers.

Hannah Donor, my talented and generous copy-editor.

All the Kickstarter supporters for your patience and your belief in this project.

My parents for fostering my love of books and their support.

My husband, for being my calm in the storm.

REKONESANS

Ekri liv sa a te yon vwayaj pi long pase mwen janm imajine, men pwodwi final la se byen vo efò a. Mwen pa menm ka kòmanse remèsye anpil moun ki te ede rèv sa a tounen yon reyalite. **Mèsi:**

Kontè orijinal yo pou pataje lavi ou ak istwa avè m 'ak mond lan. (Marc Donald, Daniel Ku, Eldet Tine, Laurene Louis, Jacqueline Tine, Noelle Michelle, Patrick Tine, Willy Lafortune, Alfred Calos, Vialey Josue, Pitou Charles, Renous Severe, Roselaur, Roselynn, Grasner Severe, Pepe Rousseau, Monette Severe.)

Amanda Orozco, editè san pran souf ak travay di mwen ak ilistratè chabon.

Marie Lily pou bon jan travay tradiksyon kreyòl ayisyen an.

Wynnie Lamour pou edisyon yo tradiksyon reflechi.

Ted McFarland, ki gen bèl konsepsyon kouvèti reyèlman te fè liv la klere, ak pou travay di l 'sou tout grafik Kickstarter.

Krista Prada ak Lacey Stockeland, di ou mèsi pou entèprete entèvyou yo ak rakonte istwa.

Hannah Donor, talan ak jenere mwen kopi-editè.

Tout sipòtè Kickstarter yo pou pasyans ou ak kwayans ou nan pwojè sa a.

Paran mwen yo pou ankouraje lanmou mwen pou liv ak sipò yo.

Mari m ', pou yo te kalm mwen nan tanpèt la.